Comment dialoguer avec ses Anges Gardiens

6, rue Régis – 75006 Paris
Tél. 01 42 22 56 84 - Fax : 01 42 22 65 62

Imprimé en France

I.S.B.N. 2-84197-310-7

Karine Silvestre
Avec la collaboration de Colette Silvestre

Comment dialoguer avec ses Anges Gardiens

Éditions TrajectoirE

Tes Chérubins, Seigneur, Toi seul connais leurs nombres :
L'un plane en Ta clarté, l'autre glisse en Ton ombre ;
Certains, la tête en bas, dorment sous mes plafonds ;
Ceux-là, dans l'air nocturne ont des battements d'ailes.
Ne T'étonne donc point si, parfois je confonds
Les Esprits acharnés et les Esprits fidèles.

Vers. Pièges du Démon, I (Flammarion)

Introduction

Comment définir les Anges ?

Dans toutes les traditions, dans l'Ancien et le nouveau Testament, comme dans les théories religieuses de l'Égypte, de la Perse, de l'Inde ou de la Chine, on retrouve la croyance d'êtres spirituels supérieurs à la nature humaine. Ces créatures divines et magiques sont nommées les Anges.

L'échelle suprême de la création est formée par des êtres de substance incorporelle. Ces Anges sont des esprits purs, alors que les hommes sont à la fois matière et esprit, corps et âme.

Ces messagers de Lumière sont les intermédiaires entre Dieu et les êtres humains qui évoluent dans un monde de ténèbres ou qui sont dans le doute et les incertitudes de leur devenir.

Les Anges Gardiens veillent sur notre existence et, tout en nous protégeant, ils nous guident dans les nombreux labyrinthes de notre existence.

Symbole de la conscience, l'Ange Gardien guide l'être humain sur la voie du bien, de l'amour universel, de l'harmonie intérieure.

Au Moyen Âge ainsi qu'au début de la Renaissance, les Anges étaient figurés comme des êtres androgynes. Au XIIe siècle, ils apparurent de façon symbolique avec une tête ornée d'ailes. Cette représentation voulait signifier que les Anges n'appartenaient pas au domaine de la chair.

C'est au XIXe siècle que ***l'Ange Gardien Personnel*** prit toute son importance.

L'iconographie les représente toujours avec des ailes qui témoignent de leur essence immatérielle. En signe de pureté, ils sont vêtus d'un vêtement blanc.

A noter également que les Anges sont souvent représentés par de tout petits enfants qui sont synonymes de pureté et d'innocence.

Les Anges et la Kabbale

L'angéologie judéo-chrétienne provient dans sa majorité des enseignements sacrés de la Kabbale. C'est à l'époque de la Renaissance que cette science divine se propagea en Europe dans les milieux chrétiens.

Aborder, découvrir, étudier, comprendre la Kabbale demande une sérieuse discipline de vie, un investissement personnel important et une profonde aspiration de communication avec le Divin.

Nous ne pouvons en conséquence ignorer les bases essentielles transmises par la Kabbale mais il n'est guère possible ni facile de faire connaissance de cet enseignement, exceptionnellement riche, par quelques mots ou quelques lignes.

Nous nous référerons aux informations essentielles destinées à vous aider dans votre démarche et vous mettre sur la voie de vos Anges.

Selon les théories kabbalistiques, il existe soixante-douze anges répartis en neuf hiérarchies.

Ces neuf hiérarchies sont classées en trois ordres.

Chaque hiérarchie est dirigée par un Archange ou Recteur d'Ordre.

- Le monde Divin avec les Séraphins, les Chérubins, les Trônes.

- Le monde Mental avec les Dominations, les Puissances, les Vertus.

- Le monde Astral avec les Principautés, les Archanges, les Anges.

Vous trouverez dans les pages suivantes, des repères concernant la classification des trois ordres dirigés par un Recteur d'Ordre et les noms des soixante-douze anges selon leurs hiérarchies.

Qu'est-ce que les hiérarchies ?

Les hiérarchies célestes sont une image des hiérarchies terrestres et leurs relations réciproques doivent inspirer celles des hommes.

Le Pseudo-Denys l'Aéropagite, le grand angélologue du christianisme s'exprime ainsi :

" C'est à l'ordre des principautés, des archanges et des anges qu'appartient la fonction révélatrice ; c'est lui qui, à travers les degrés de sa propre ordonnance, préside aux hiérarchies humaines afin que se produise de façon ordonnée l'élévation spirituelle vers Dieu, la conversion, la communion, l'union, et en même temps le mouvement processif de Dieu lui-même qui, selon une très sainte ordonnance, gratifie littéralement toutes les hiérarchies de ses dons, et les illumine tout en les faisant entrer en communion avec lui. De là vient que la théologie réserve aux anges le soin de notre hiérarchie, appelant Michel l'archonte du peuple juif, et d'autres anges les archontes des autres nations, car le Très-Haut a établi les frontières des nations selon le nombre des anges de Dieu. "

(PSEO 218-219) Dictionnaire des Symboles.

Trois Anges Gardiens

Dès la naissance, Dieu, le Tout-puissant, met au service des êtres humains, des Anges destinés à veiller en permanence sur eux, les guider et les aider à chaque instant de leur vie.

La mission est importante et c'est la raison pour laquelle chaque être humain est protégé par TROIS Anges différents. Ainsi, selon ses besoins ou ses souhaits, l'homme peut faire appel à l'Ange pouvant lui apporter l'aide souhaitée.

Quels sont ces trois Anges ?

1) – L'Ange Physique.

2) – L'Ange Emotionnel.

3) – L'Ange Spirituel.

Ces ***Trois Anges Gardiens*** sont attribués en fonction de la date et de l'heure de naissance de chacun.

Afin de faciliter votre découverte angélique, nous vous proposons des tableaux assez explicites (Voir page 18 et suivantes) qui vous permettront de découvrir très facilement les noms de vos trois Anges.

CHAPITRE I

Repères concernant la classification des trois ordres dirigés par un Recteur d'Ordre et les noms des soixante-douze anges selon leurs hiérarchies.

Le Monde Divin

Le Chœur des Séraphins dirigé par l'archange : ***Metatron Serpanim***
Les Anges Gardiens
N° 1 - Véhuiah
N° 2 - Jéliel
N° 3 - Sitaël
N° 4 - Elémiah
N° 5 - Mahasiah
N° 6 - Lélahe
N° 7 - Achaiah
N° 8 - Cahéthel

Le Chœur des Chérubins dirigé par l'archange : ***Raziel***
Les Anges Gardiens
N° 9 - Haziel
N° 10 - Aladiah
N° 11 - Lauviah
N° 12 - Hahaiah
N° 13 - Yézalel
N° 14 - Mébahel
N° 15 - Hariel
N° 16 - Hékamiah

Le Chœur des Trônes dirigé par l'archange : ***Zaphkiel***
Les Anges Gardiens
N° 17 - Lauviah
N° 18 - Caliel
N° 19 - Leuviah
N° 20 - Pahaliah
N° 21 - Nelchael
N° 22 - Yéiayel
N° 23 - Melahel
N° 24 - Haheuïah

Les ***Séraphins*** nous aident à purifier nos péchés.
Ils nous orientent vers la paix, la bonté et l'amour universel.

Les ***Chérubins*** nous ouvrent à l'intellectualité et la sagesse.
Ils offrent la chance et le bien-être, la tranquillité d'esprit.

Les ***Trônes*** favorisent la volonté et le courage.
Ils permettent le développement des efforts destinés au dépassement des épreuves.

Le Monde Mental

Le Chœur des Dominations dirigé par l'archange : ***Zadkiel***
Les Anges Gardiens
N°25 – Nith-haiah
N°26 - Haaiah
N°27 - Yérathel
N°28 - Séhéiah
N°29 - Reiyiel
N°30 - Omael
N°31 - Lécabel
N°32 - Vasariah

Le Chœur des Vertus dirigé par l'archange : ***Camael***
Les Anges Gardiens
N°33 – Yéhuiah
N°34 - Léhahiah
N°35 - Chavakhiah
N°36 - Ménadel
N°37 - Aniel
N°38 - Haamiah
N°39 - Réhael
N°40 - Yéiazel

Le Chœur des Puissances dirigé par l'archange : ***Michael***
Les Anges Gardiens
N°41 - Hahahel
N°42 - Mikhael
N°43 - Veualiah
N°44 - Yélahiah
N°45 - Séhaliah
N°46 - Ariel
N°47 - Asaliah
N°48 - Mihael

Les ***Dominations*** développent la joie de vivre, la bonne humeur.

Ils aident au bon fonctionnement des lois.

Les ***Vertus*** donnent une énergie puissante, une forte volonté.

Ils permettent de lutter contre les épreuves.

Les ***Puissances*** accordent les moyens de dominer toutes les situations.

Le Monde Astral

Le Chœur des Principautés dirigé par l'archange : ***Haniel***
Les Anges Gardiens
N°49 - Véhuel
N°50 - Daniel
N°51 - Hahasiah
N°52 - Imamiah
N°53 - Nanael
N°54 - Nithael
N°55 - Mébahiah
N°56 - Poyel

Le Chœur des Archanges dirigé par l'archange : ***Raphael***
Les Anges Gardiens
N°57 - Némamiah
N°58 - Yéyalel
N°58 - Yéyalel
N°59 - Harahel
N°60 - Mitzarel
N°61 - Umabel
N°62 - Iah-Hel
N°63 - Anauel
N°64 - Mehiel

Le Chœur des Anges dirigé par l'archange : ***Gabriel*** Les Anges Gardiens
N°65 - Damabiah
N°66 - Manakel
N°67 - Eyael
N°68 - Habuhiah
N°69 - Rochel
N°70 - Jamabiah
N°71 - Haihaiel
N°72 - Mumiah

Les ***Principautés*** nous guident sur le chemin de la beauté, de l'harmonie, de l'amour pur et sincère.

Les ***Archanges*** nous ouvrent les portes de la Connaissance.

Ils aident à évoluer et concrétiser les projets.

Les ***Anges*** nous guident sur le chemin des réalisations.

Ils permettent la régénération et le rapprochement de la famille.

CHAPITRE II

Vos trois anges gardiens personnels

Vos trois Anges Gardiens personnels

Pour découvrir vos trois Anges Gardiens personnels, il convient de vous référer à votre date et à votre heure de naissance. Les tableaux ci-après vous permettront de retrouver très facilement le nom de vos Anges Gardiens.

Si la date de naissance ne pose généralement aucun problème, il est dans certains cas moins facile de connaître de façon précise son heure de naissance.

Dans ce cas, vous devrez effectuer une démarche un peu différente que vous pourrez consulter page 26 et suivantes.

Votre Ange Gardien Physique

Date de Naissance	Votre Ange Physique
Du 21 au 25 mars	1 - Véhuiah
Du 26 au 30 mars	2 - Jéliel
Du 31 mars au 4 avril	3 - Sitael
Du 5 au 9 avril	4 - Élémiah
Du 10 au 14 avril	5 - Mahasiah
Du 15 au 20 avril	6 - Lélahel
Du 21 au 25 avril	7 - Achaiah
Du 26 au 30 avril	8 - Cahétel
Du 1er au 5 mai	9 - Haziel
Du 6 au 10 mai	10 - Aladiah
Du 11 au 15 mai	11 - Lauviah
Du 16 au 20 mai	12 - Hahaiah
Du 21 au 25 mai	13 - Yézalel
Du 26 au 31 mai	14 - Mébahel
Du 1er au 5 juin	15 - Hariel
Du 6 au 10 juin	16 - Hékamiah
Du 11 au 15 juin	17 - Lauviah
Du 16 au 21 juin	18 - Caliel
Du 22 au 26 juin	19 - Leuviah
Du 27 juin au 1er juillet	20 - Pahaliah
Du 2 au 6 juillet	21 - Nelchael
Du 7 au 11 juillet	22 - Yéiayel
Du 12 au 16 juillet	23 - Melahel
Du 17 au 22 juillet	24 - Haheuïah
Du 23 au 27 juillet	25 - Nith-Haiah
Du 28 juillet au 1er août	26 - Haaiah
Du 2 au 6 août	27 - Yérathel
Du 7 au 12 août	28 - Séhéiah
du 13 au 17 août	29 - Reiyiel
Du 18 au 22 août	30 - Omael
Du 23 au 28 août	31 - Lécabel

Du 29 août au 2 septembre	32 - Vasariah
Du 3 au 7 septembre	33 - Yéhuiah
Du 8 au 12 septembre	34 - Léhahiah
Du 13 au 17 septembre	35 - Chavakhiah
Du 18 au 23 septembre	36 - Ménadel
Du 24 au 28 septembre	37 - Aniel
Du 29 septembre au 3 octobre	38 - Haamiah
Du 4 au 8 octobre	39 - Réhael
Du 9 au 13 octobre	40 -Yéiazel
Du 14 au 18 octobre	41 - Hahahel
Du 19 au 23 octobre	42 - Mikhael
Du 24 au 28 octobre	43 - Veuliah
Du 29 octobre au 2 novembre	44 - élahiah
Du 3 au 7 novembre	45 - Séhaliah
Du 8 au 12 novembre	46 - Ariel
Du 13 au 17 novembre	47 - Asaliah
Du 18 au 22 novembre	48 - Mihael
Du 23 au 27 novembre	49 -Véhuel
Du 28 novembre au 2 décembre	50 - Daniel
Du 3 au 7 décembre	51 - Hahasiah
Du 8 au 12 décembre	52 - Imamiah
Du 13 au 16 décembre	53 - Nanael
Du 17 au 21 décembre	54 - Nithael
Du 22 au 26 décembre	55 - Mébahiah
Du 27 au 31 décembre	56 - Poyel
Du 1er au 5 janvier	57 - Némamiah
Du 6 au 10 janvier	58 - Yéyalel
Du 11 au 15 janvier	59 - Harahel
Du 16 au 20 janvier	60 - Mitzrael
Du 21 au 25 janvier	61 - Umabel
Du 26 au 30 janvier	62 - lah-Hel
Du 31 janvier au 4 février	63 - Anauel
Du 5 au 9 février	64 - Méhiel
Du 10 au 14 février	65 - Damabiah
Du 15 au 19 février	66 - Manakel

Du 20 au 24 février	67 - Eyael
Du 25 au 29 février	68 - Habuhiah
Du 1er au 5 mars	69 - Rochel
Du 6 au 10 mars	70 - Jabamiah
Du 11 au 15 mars	71 - Haihaiel
Du 16 au 20 mars	72 - Mumiah

Votre Ange Gardien Émotionnel

Votre Ange Emotionnel	Date de Naissance
1 - Véhuiah 11 août – 22 octobre – 2 janvier -	21/16 mars – 31 mai
2 - Jéliel 12 août – 23 octobre – 3 janvier	22/17 mars – 1er juin
3 - Sitael 13 août – 24 octobre – 4 janvier	23/18 mars – 2 juin
4 - Élémiah 14 août – 25 octobre – 5 janvier	24/19 mars – 3 juin
5 - Mahasiah 15 août – 26 octobre – 6 janvier	25/20 mars – 4 juin
6 - Lélahel 16 août – 27 octobre – 7 janvier	26 mars – 5 juin
7 - Achaiah 17 août – 28 octobre – 8 janvier	27 mars – 6 juin
8 - Cahétel 18 août – 29 octobre – 9 janvier	28 mars – 7 juin
9 - Haziel 19 août – 30 octobre – 10 janvier	29 mars – 8 juin
10 - Aladiah 20 août – 31 octobre – 11 janvier	30 mars – 9 juin
11 - Lauviah 21 août – 1er novembre – 12 janvier	31 mars – 10 juin

12 - Hahaiah	1er avril – 11 juin
août – 2 novembre – 13 janvier	
13 - Yézalel	2 avril – 12 juin
23 août – 3 novembre – 14 janvier	
14 - Mébahel	3 avril – 13 juin
24 août – 4 novembre – 15 janvier	
15 - Hariel	4 avril – 14 juin
25 août – 5 novembre – 16 janvier	
16 - Hékamiah	5 avril – 15 juin
26 août – 6 novembre – 17 janvier	
17 - Lauviah	6 avril – 16 juin
27 août – 7 novembre – 18 janvier	
18 - Caliel	7 avril – 17 juin
28 août – 8 novembre – 19 janvier	
19 - Leuviah	8 avril – 18 juin
29 août – 9 novembre – 20 janvier	
20 - Pahaliah	9 avril – 19 juin
30 août – 10 novembre – 21 janvier	
21 - Nelchael	10 avril – 20 juin
31 août – 11 novembre – 21 janvier	
22 - Yéiayel	11 avril – 21 juin
1er septembre – 12 novembre – 22 janvier	
23 - Melahel	12 avril – 22 juin
2 septembre – 13 novembre – 23 janvier	
24 - Haheuïah	13 avril – 23 juin
3 septembre – 14 novembre – 24 janvier	
25 - Nith-Haiah	14 avril – 24 juin
4 septembre – 15 novembre – 25 janvier	
26 - Haaiah	15 avril – 25 juin
5 septembre – 16 novembre – 26 janvier	
27 - Yérathel	16 avril – 26 juin
6 septembre – 17 novembre – 27 janvier	
28 - Séhéiah	17 avril – 27 juin
7 septembre – 18 novembre – 28 janvier	
29 - Reiyiel	18 avril – 28 juin
8 septembre – 19 novembre – 29 janvier	

30 - Omael — 19 avril – 29 juin
9 septembre – 20 novembre – 30 janvier
31 - Lécabel — 20 avril – 30 juin
10 septembre – 21 novembre – 31 janvier
32 - Vasariah — 21 avril – 1er juillet
11 septembre – 22 novembre – 1er février
33 - Yéhuiah — 22 avril – 2 juillet
12 septembre – 23 novembre – 2 février
34 - Léhahiah — 23 avril – 3 juillet
13 septembre – 24 novembre – 3 février
35 - Chavakhiah — 24 avril – 4 juillet
14 septembre – 25 novembre – 4 février
36 - Ménadel — 25 avril – 5 juillet
15 septembre – 26 novembre – 5 février
37 - Aniel — 26 avril – 6 juillet
16 septembre – 27 novembre – 6 février
38 - Haamiah — 27 avril – 7 juillet
17 septembre – 28 novembre – 7 février
39 - Réhael — 28 avril – 8 juillet
18 septembre – 29 novembre – 8 février
40 -Yéiazel — 29 avril – 9 juillet
19 septembre – 30 novembre – 9 février
41 - Hahahel — 30 avril – 10 juillet
20 septembre – 1er décembre – 10 février
42 - Mikhael — 1er mai – 11 juillet
21 septembre – 2 décembre – 11 février
43 - Veuliah — 2 mai – 12 juillet
22 septembre – 3 décembre – 12 février
44 - Élahiah — 3 mai – 13 juillet
23 septembre – 4 décembre - 13 février
45 - Séhaliah — 4 mai – 14 juillet
24 septembre – 5 décembre – 14 février
46 - Ariel — 5 mai – 15 juillet
25 septembre – 6 décembre – 15 février
47 - Asaliah — 6 mai – 16 juillet
26 septembre – 7 décembre – 16 février

48 - Mihael 7 mai – 17 juillet
27 septembre – 8 décembre – 17 février
49 -Véhuel 8 mai – 18 juillet
28 septembre – 9 décembre – 18 février
50 - Daniel 9 mai – 19 juillet
29 septembre – 10 décembre – 19 février
51 - Hahasiah 10 mai – 20 juillet
30 septembre – 11 décembre – 20 février
52 - Imamiah 11 mai – 21 juillet
1er octobre – 12 décembre – 21 février
53 - Nanael 12 mai – 22 juillet
2 octobre – 13 décembre – 22 février
54 - Nithael 13 mai – 23 juillet
3 octobre – 14 décembre – 23 février
55 - Mébahiah 14 mai – 24 juillet
4 octobre – 15 décembre – 24 février
56 - Poyel 15 mai – 25 juillet
5 octobre – 16 décembre – 26 février
57 - Némamiah 16 mai – 26 juillet
6 octobre – 17 décembre – 27 février
58 - Yéyalel 17 mai – 27 juillet
7 octobre – 18 décembre – 28/29 février
59 - Harahel 18 mai – 28 juillet
8 octobre – 19 décembre – 1er mars
60 - Mitzrael 19 mai – 29 juillet
9 octobre – 20 décembre – 2 mars
61 - Umabel 20 mai – 30 juillet
10 octobre – 21 décembre – 3 mars
62 - lah-Hel 21 mai – 31 juillet
11 octobre – 22 décembre – 4 mars
63 - Anauel 22 mai – 1er août
12 octobre – 23 décembre – 5 mars
64- Méhiel 23 mai – 2 août
13 octobre – 24 décembre – 6 mars
65 - Damabiah 24 mai – 3 août

14 octobre – 25 décembre – 7 mars	
66 - Manakel	25 mai – 4 août
15 octobre – 26 décembre – 8 mars	
67 - Eyael	26 mai – 5 août
16 octobre – 27 décembre – 9 mars	
68 - Habuhiah	27 mai – 6 août
17 octobre – 28 décembre – 10 mars	
69 - Rochel	28 mai – 7 août
18 octobre – 29 décembre – 11 mars	
70 - Jabamiah	29 mai – 8 août
19 octobre – 30 décembre – 12 mars	
71 - Haihaiel	30 mai – 9 août
20 octobre– 31 décembre – 13 mars	
72 - Mumiah	31 mai – 10 août
21 octobre – 1er janvier – 14/15 mars	

Votre Ange Gardien Spirituel

Votre Ange Spirituel	Votre heure de naissance
1 - Véhuiah	De 00 h 00 à 00 h 20
2 - Jéliel	De 00 h 20 à 00 h 40
3 - Sitael	De 00 h 40 à 1 h 00
4 - Élémiah	De 1 h 00 à 1 h 20
5 - Mahasiah	De 1 h 20 à 1 h 40
6 - Lélahel	De 1 h 40 à 2 h 00
7 - Achaiah	De 2 h 00 à 2 h 20
8 - Cahétel	De 2 h 20 à 2 h 40
9 - Haziel	De 2 h 40 à 3 h 00
10 - Aladiah	De 3 h 00 à 3 h 20
11 - Lauviah	De 3 h 20 à 3 h 40
12 - Hahaiah	De 3 h 40 à 4 h 00
13 - Yézalel	De 4 h 00 à 4 h 20
14 - Mébahel	De 4 h 20 à 4 h 40

15 - Hariel	De 4 h 40 à 5 h 00
16 - Hékamiah	De 5 h 00 à 5 h 20
17 - Lauviah	De 5 h 20 à 5 h 40
18 - Caliel	De 5 h 40 à 6 h 00
19 - Leuviah	De 6 h 00 à 6 h 20
20 - Pahaliah	De 6 h 20 à 6 h 40
21 - Nelchael	De 6 h 40 à 7 h 00
22 - Yéiayel	De 7 h 00 à 7 h 20
23 - Melahel	De 7 h 20 à 7 h 40
24 - Haheuïah	De 7 h 40 à 8 h 00
25 - Nith-Haiah	De 8 h 00 à 8 h 20
26 - Haaiah	De 8 h 20 à 8 h 40
27 - Yérathel	De 8 h 40 à 9 h 00
28 - Séhéiah	De 9 h 00 à 9 h 20
29 - Reiyiel	De 9 h 20 à 9 h 40
30 - Omael	De 9 h 40 à 10 h 00
31 - Lécabel	De 10 h 00 à 10 h 20
32 - Vasariah	De 10 h 20 à 10 h 40
33 - Yéhuiah	De 10 h 40 à 11 h 00
34 - Léhahiah	De 11 h 00 à 11 h 20
35 - Chavakhiah	De 11 h 20 à 11 h 40
36 - Ménadel	De 11 h 40 à 12 h 00
37 - Aniel	De 12 h 00 à 12 h 20
38 - Haamiah	De 12 h 20 à 12 h 40
39 - Réhael	De 12 h 40 à 13 h 00
40 -Yéiazel	De 13 h 00 à 13 h 20
41 - Hahahel	De 13 h 20 à 13 h 40
42 - Mikhael	De 13 h 40 à 14 h 00
43 - Veuliah	De 14 h 00 à 14 h 20
44 - Élahiah	De 14 h 20 à 14 h 40
45 - Séhaliah	De 14 h 40 à 15 h 00
46 - Ariel	De 15 h 00 à 15 h 20
47 - Asaliah	De 15 h 20 à 15 h 40
48 - Mihael	De 15 h 40 à 16 h 00
49 -Véhuel	De 16 h 00 à 16 h 20

50 - Daniel	De 16 h 20 à 16 h 40
51 - Hahasiah	De 16 h 40 à 17 h 00
52 - Imamiah	De 17 h 00 à 17 h 20
53 - Nanael	De 17 h 20 à 17 h 40
54 - Nithael	De 17 h 40 à 18 h 00
55 - Mébahiah	De 18 h 00 à 18 h 20
56 - Poyel	De 18 h 20 à 18 h 40
57 - Némamiah	De 18 h 40 à 19 h 00
58 - Yéyalel	De 19 h 00 à 19 h 20
59 - Harahel	De 19 h 20 à 19 h 40
60 - Mitzrael	De 19 h 40 à 20 h 00
61 - Umabel	De 20 h 00 à 20 h 20
62 - lah-Hel	De 20 h 20 à 20 h 40
63 - Anauel	De 20 h 40 à 21 h 00
64- Méhiel	De 21 h 00 à 21 h 20
65 - Damabiah	De 21 h 20 à 21 h 40
66 - Manakel	De 21 h 40 à 22 h 00
67 - Eyael	De 22 h 00 à 22 h 20
68 - Habuhiah	De 22 h 20 à 22 h 40
69 - Rochel	De 22 h 40 à 23 h 00
70 - Jabamiah	De 23 h 00 à 23 h 20
71 - Haihaiel	De 23 h 20 à 23 h 40
72 - Mumiah	De 23 h 40 à 00 h 00

Repères pour trouver son Ange de remplacement.

Vous avez un doute sur votre jour et votre heure de naissance ?

Un petit calcul simple et rapide à partir de votre prénom et de votre nom vous permettra de repérer les noms de vos Anges.

Cette démarche ressemble à la recherche du nombre d'expression en numérologie avec, toutefois, quelques légères nuances en ce qui concerne la valeur des lettres.

Selon le tableau ci-dessous, vous allez “ chiffrer ” votre prénom usuel ainsi que votre nom de famille.

A	B	C	D	E	F	G	H	I
1	2	3	4	5	6	7	8	9
J	K	L	M	N	O	P	Q	R
10	20	30	40	50	60	70	80	90
S	T	U	V	W	X	Y	Z	
100	200	300	400	500	600	700	800	

Exemple

C	A	R	O	L	I	N	E		L	E	B	R	U	N
3	1	90	60	30	9	50	5		30	5	2	90	300	50
		248						+			477			

= 725

Repères pour découvrir l'Ange Physique

Total du nom de Caroline Lebrun : **725**

Diviser ce nombre obtenu par le nombre des Anges.

725 : 72 = 10 (ne pas tenir compte des chiffres après la virgule)

Multiplier le nombre des Anges par le chiffre obtenu ci-dessus : **72 x 10 = 720**

Soustraire le nombre obtenu par le nom de Caroline Lebrun du chiffre ci-dessus : **725 – 720 = 5**

A ce chiffre, ajouter toujours **1**

5 + 1 = 6.

L'Ange Physique de Caroline Lebrun est le 6e soit **Lélahel**.

Repères pour découvrir l'Ange Emotionnel

Vous refaites la même opération en ne chiffrant que les ***consonnes.***

C	A	R	O	L	I	N	E	L	E	B	R	U	N
3		90		30		50		30		2	90		50

= **345**

Additionner le nombre du nom complet au nombre obtenu par les consonnes : **725 + 345 = 1070**

Diviser ce chiffre par 72 (Anges) : **1070 : 72 = 14**

Multiplier ce chiffre obtenu par **72** (anges)

72 x 14 = **1008**

Soustraire **1070 – 1008 = 62**

A chaque résultat ajouter **1**

62 + 1 = 63

L'Ange Emotionnel de Caroline Lebrun est **Anauel**

Repères pour découvrir l'Ange Spirituel

Vous refaites la même opération en ne chiffrant que les ***voyelles.***

C	A	R	O	L	I	N	E	L	E	B	R	U	N
	1		60		9		5		5			300	

= **380**

Addition des deux chiffres obtenus : **725 + 380 = 1105**

Diviser ce chiffre par 72 (Anges) : **1105 : 72 = 15** (ne pas tenir compte des chiffres après la virgule)

Multiplier **72** (anges) x **15** = **1080**

Soustraire **1105 – 1080 = 25**

A chaque résultat, ajouter **1**

L'Ange Spirituel de Caroline Lebrun est le 26e soit **Haaiah**

Retenez et notez le nom de vos trois Anges Gardiens ainsi que les noms des Archanges qui dirigent les Chœurs.

Ils sont tous auprès de vous afin de répondre à vos prières, vous protéger, vous guider et illuminer votre existence.

CHAPITRE III

Préparation au contact avec ses Anges Gardiens

Comment prendre contact avec son Ange Gardien

La rencontre et le dialogue avec les Anges Gardiens ne peuvent intervenir qu'après un travail personnel dont l'essentiel passe en priorité par la méditation et la prière. Temps, patience et foi seront au premier plan de la démarche car chacun devra s'investir avec confiance et accepter qu'il n'obtiendra peut-être pas très rapidement le contact attendu et espéré.

En priorité, vous devez être en harmonie avec le monde qui vous entoure et prêt à la communication entre votre âme et votre esprit.

Les messagers de lumière sont des êtres magiques. Leur subtilité nécessite que vous soyez vous-même en parfaite plénitude avec le monde céleste et ouvert à leur existence Divine.

Pour recevoir les messages de vos Anges Gardiens, il faut créer un lien afin de percevoir le contact vibratoire existant entre le monde astral et le monde physique.

Dans un premier temps, vous devrez déterminer le lieu pour vous préparer à cette rencontre. Le cadre, l'ambiance et le lieu se doivent d'être calme, reposant et assez bien aéré si possible. Il peut tout aussi bien s'agir d'une chambre, d'un bureau, d'un salon ou d'un autre espace que l'on apprécie. L'essentiel est de se sentir bien dans ce cadre qui favorisera la détente personnelle et la sérénité intérieure.

Ensuite, il sera nécessaire de choisir l'heure qui convient le mieux selon votre disponibilité. Les activités professionnelles, la famille, les contraintes et obligations du quotidien font partie de votre vie et ne peuvent être oubliées ou négligées. Toutefois, dans votre journée, vous devrez aménager quelques instants très personnels destinés à favoriser le contact avec votre Ange Gardien. Certains seront plus disponibles le matin alors que d'autres trouveront plus de tranquillité le soir.

Sachez qu'il n'existe pas un jour, un moment, une heure plus propice à la rencontre avec votre Ange Gardien. A chacun son choix de l'heure comme de l'espace mais, dès l'instant où ces choix seront faits, vous devrez les respecter.

Il est de la plus haute importance de préserver le " ***coin*** " où vous pourrez prier et méditer tout autant que l'heure qui aidera au contact grâce à la régularité.

Enfin, quelques attributs devront être utilisés à titre de protection et d'aide. Plusieurs techniques existent mais le choix doit se faire en fonction de votre ressenti intérieur.

Les moyens les plus utilisés pour favoriser l'harmonie sont les bougies et l'encens.

En ce qui concerne les bougies, vous pouvez choisir la couleur blanche. Mais, il est également favorable de privilégier la couleur correspondant à la planète du jour ou à la couleur en correspondance avec votre Ange Gardien.

Jour	Planète	Couleur
Lundi	Lune	Blanc ou argent
Mardi	Mars	Rouge
Mercredi	Mercure	Orange
Jeudi	Jupiter	Bleu
Vendredi	Vénus	Vert
Samedi	Saturne	Marron
Dimanche	Soleil	Jaune ou or

Les encens apportent une aide sur le plan rituel. La fumée d'encens va agir comme la flamme de la bougie et favoriser la protection.

Vous pouvez utiliser un encens protecteur d'église ou du " Benjoin ". Mais, il est également possible d'associer les encens selon les jours de la semaine ou l'encens en correspondance avec votre Ange Gardien.

Jour	Encens
Lundi	Myrte
Mardi	Aloès Ligneux
Mercredi	Cannelle
Jeudi	Noix de Muscade
Vendredi	Safran
Samedi	Cardamone
Dimanche	Mastic

Par ailleurs, le port d'un talisman peut vous aider dans votre protection et votre recueillement.

Vous pouvez créer votre propre talisman ou faire votre choix parmi les nombreux pentacles existants, comme par exemple ceux de l'Abbé Julio.

A titre d'exemple, le Pentacle du " *Triangle Divin* " offre une protection et aide à obtenir la réalisation d'un souhait et permet d'intensifier votre connexion spirituelle afin d'établir le lien avec votre Ange Gardien.

Pour créer votre pentacle personnel :

- Procurez-vous un parchemin végétal aux dimensions 8 x 5 et de l'encre de chine.
- Tracez deux cercles au centre.
- Placez au centre un triangle. (Voir figure ci-dessous)
- Inscrivez le nom de votre ange physique en bas.
- Inscrivez l'ange émotionnel au milieu.
- Inscrivez l'ange spirituel en haut.
- Notez votre prénom au dessus sur le côté gauche.
- Notez votre date de naissance sur le côté droit.

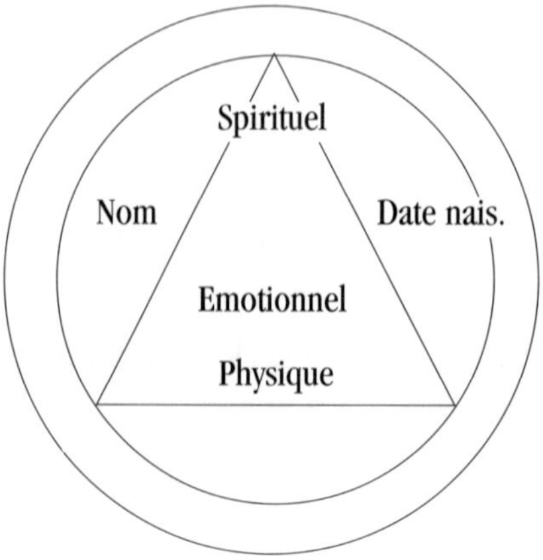

Ce talisman sera votre propriété personnelle. Il vous est conseillé, dans la mesure du possible, de le garder sur vous et plus particulièrement lorsque vous entrez en prière ou en méditation.

Les règles d'or à observer pour se préparer au contact avec son Ange Gardien

- Être en harmonie avec le monde environnant.
- Être prêt à la communication entre l'âme et l'esprit.
- Choisir un lieu calme, apaisant, tranquille et rassurant.
- Déterminer et respecter l'heure la plus propice à la détente.
- Utiliser des éléments protecteurs.

CHAPITRE IV

Les différentes étapes pour atteindre votre objectif

Les différentes étapes.

Pour atteindre votre objectif, vous devrez passer par différentes étapes qui vous mèneront à la rencontre et au dialogue avec vos Anges Gardiens.

Prenez tout votre temps pour chacune de ces démarches et ne cherchez pas à “ sauter ” ou “ bâcler ” certaines étapes.

Tous les messages sont importants et ils forment un TOUT pour vous conduire aux échanges avec vos Anges Gardiens.

Première étape.

Détachement de l'ego

En priorité, vous devez prendre conscience de la domination de votre ego et de la nécessité de vous en libérer.

L'ego désigne le “ ***Moi*** ” comme sujet pensant. L'être humain a une prédisposition mentale à ramener tout à lui-même et à se considérer, trop souvent, comme étant le centre de l'univers.

Comment s'en libérer ?

Tout d'abord et de manière très évidente, en rejetant l'égoïsme !

Dans un premier temps, vous devrez observer vos expressions quotidiennes trop souvent tournées, de manière inconsciente, vers “ ***soi*** ” ce qui marque la “ ***possession*** ” ou le besoin de pouvoir de domination sur autrui.

Il est très courant de commencer une phrase par “ ***Moi***, je... ” ou de formuler : “ ***Mon*** ” rhume, “ ***Mes*** ” fleurs du jardin, “ ***Mon*** ” voyage en train, “ ***Mon*** ” chien...

Prenez conscience de votre vocabulaire et rectifiez vos expressions en formulant “ ***le*** ” rhume, “ ***les*** ”fleurs, “ ***le ”*** voyage en train et “ ***le*** ” chien !

Restez très attentif à toutes vos formulations et modifiez systématiquement les expressions “ égocentriques ” pour que cela devienne naturel et ne vous demande plus aucun effort.

Dans un second temps, vous observerez vos attitudes avec le monde extérieur et vous ferez en sorte d'adopter un comportement en relation avec les conseils donnés ci-après.

Quelles que soient les circonstances

- Ouvrez-vous aux autres.
- Acceptez-les tels qu'ils sont.
- Evitez de les juger ou de les critiquer.
- Sachez partager leurs joies comme leurs peines.
- Soyez généreux et bienveillant.
- Manifestez spontanément de la douceur et de la bonté.
- Soyez compréhensif.
- Apprenez à ne pas vous mettre trop souvent “ ***en avant*** ”.

- Ne cherchez pas à être le centre d'intérêt en toutes circonstances.
- Chassez les préjugés et les *a priori*.
- Rejetez la colère, la jalousie et l'agressivité.

En conclusion, soyez tout à la fois présent et discret, disponible en toute simplicité, toujours prêt à porter votre regard et votre attention vers les autres et pas uniquement sur votre personne.

Certes, il se peut que cela vous demande beaucoup d'efforts et d'attention et il est bien possible qu'à certains moments vous en perdiez le contrôle. Rassurez-vous, cette réaction est une sorte de soupape de sécurité qui permet la libération des mauvaises pensées qui restent bloquées dans l'inconscient et qui ne demandent qu'à s'échapper pour laisser place à la sincérité des actes et des sentiments.

L'être humain n'est pas un Pur Esprit : il n'est donc pas que bonté et amour mais il peut améliorer sa manière de parler, de vivre et de se comporter vis-à-vis d'autrui.

Même si vous n'atteignez pas la perfection, vos efforts seront récompensés car vous serez très rapidement en harmonie avec vous-même et avec les autres.

En vous libérant de l'ego, vous serez plus facilement à l'écoute de vos intuitions et, en conséquence, **sur le même mode vibratoire que votre Ange Gardien.**

Les règles d'or pour se détacher de son ego

- Modifier votre vocabulaire et oubliez le " ***Moi*** ". .
- Agir avec douceur, générosité et bienveillance.
- Trouver son équilibre entre le matériel et le spirituel.
- S'ouvrir aux autres en toute simplicité.
- Rejeter l'individualisme.

Deuxième étape

La prière

La prière aide au recueillement et permet d'obtenir l'apaisement tant dans son cœur que dans son âme. Elle est la plus ancienne méthode pour atteindre la sérénité spirituelle et l'harmonie intérieure.

Prier dans un lieu de culte ou chez soi, les mains jointes ou les paumes des mains ouvertes vers le ciel, agenouillé ou debout, les yeux fermés ou ouverts, la démarche reste toujours un besoin de paix, de silence et de communication avec les forces célestes.

La prière est un moyen de communiquer avec Dieu et ses messagers puisqu'elle permet de prendre de la distance par rapport au monde matériel et de s'élever vers la Lumière Spirituelle.

" La prière représente l'effort de l'homme pour communier avec un être invisible, créateur de tout ce qui existe, suprême sagesse, force et beauté, père et sauveur de chacun de nous. "

La prière - Alexis Carrel 1873/1944

La pratique

Pour entrer en contact avec son Ange Gardien, vous devez

prier chaque jour avec amour, sincérité, confiance en laissant parler votre cœur et votre âme.

Après avoir déterminé le lieu et le moment qui vous conviennent le mieux pour vos instants de paix et de communion avec les forces divines, isolez-vous du monde extérieur et allumez une bougie blanche ou de la couleur en correspondance avec le jour de la semaine.

Vous êtes prêt pour le recueillement et vous allez pouvoir entrer dans le silence pour répéter mentalement ou à haute voix les prières adressées à votre Ange Gardien.

En ce qui concerne le choix des prières plusieurs moyens s'offrent à vous :

1) Vous pouvez prendre tout votre temps pour préparer une prière personnalisée que vous adresserez à votre Ange Gardien.

Cette prière rédigée, de préférence, sur un parchemin végétal * doit venir de votre cœur.

2) Il est également possible de rechercher dans la Bible ou ouvrages spécialisés, la prière qui vous convient, qui vous attire et qui s'adapte à votre souhait. La prière retenue devra également être inscrite de préférence à l'encre du chine sur un parchemin végétal *.

3) Vous pouvez également utiliser une des prières ci-dessous après avoir pris soin de la transcrire comme indiqué précédemment. Celles-ci sont une reconnaissance sincère de l'existence de l'Etre de Lumière.

* Le parchemin végétal n'est pas obligatoire mais dans tous les cas, les prières devront être écrites à la main. N'utilisez pas l'ordinateur ou une machine à écrire mais... votre plume !

Prenez tout votre temps de transcrire les prières en vous imprégnant de chaque mot afin que ceux-ci pénètrent au plus profond de votre cœur et votre âme.

Les prières

> *" Prie pour mon âme. La prière a un plus grand pouvoir*
> *Que les hommes ne l'imaginent. Que la voix s'élève donc vers le ciel*
> *Pareille à une source jaillissante, la nuit et le jour.*
> *La prière est une chaîne d'or qui entoure le monde*
> *En tous sens, et le suspend aux pieds de Dieu "*

Les idylles du Roi – A. Tennyson 188 - 1892

Voici ce que dit le Seigneur, notre Dieu :

> *" J'enverrai mon Ange, pour qu'il marche devant toi, qu'il te garde en chemin et qu'il te fasse entrer dans le pays que je t'ai préparé.*
> *Sois attentif à sa présence, écoute ses conseils, ne te risque pas à les mépriser. Il ne laissera passer aucune de tes fautes car il est mon représentant.*
> *Si tu écoutes sa voix, si tu obéis à mes commandements je serai l'ennemi de tes ennemis, j'abattrai ceux qui voudront t'abattre, et mon Ange marchera devant toi ".*

Prenez tout votre temps pour lire chacune des prières proposées ci-dessous et retenez celle qui touchera le plus votre cœur.
Si plusieurs de ces prières vous attirent, vous pouvez bien entendu les utiliser selon les moments, les jours ou plus simplement selon vos souhaits et vos états d'âme. Voici un choix de prières.

" Ange de Dieu
Mon gardien précieux,
Toi à qui Dieu dans sa bonté
M'a confié,
Puisses-tu aujourd'hui

(ou cette nuit)
M'apporter ton appui,
Pour m'éclairer et me garder,
Me gouverner et me guider
Amen."

" O saint ange, que Dieu
par un effet de sa bonté pour moi,
A chargé du soin de ma conduite ;
Vous qui m'assistez dans mes besoins
Qui me consolez dans mes peines
Et qui m'obtenez sans cesse de nouvelles faveurs,
Je vous rends de très humbles actions de grâces ;
Je vous conjure, aimable protecteur,
De me continuer vos charitables soins,
De me défendre contre mes ennemis,
D'éloigner de moi les occasions du péché,
De me rendre docile à vos inspirations et
Fidèle à les suivre,
De me protéger à l'heure de ma mort,
Et de ne point me quitter que vous m'ayez conduit
Au séjour du repos Eternel.
Ainsi soit-il. "

L'Ange conducteur dans la vie chrétienne. Malines H. Dessain 1894

" Saint ange de Dieu, à qui Dieu a confié ma protection,
Je te remercie pour tous les bienfaits
Que tu as procurés à mon corps et à mon âme.
Je te loue et te glorifie car tu m'assistes avec une très grande fidélité.
Et me protèges contre tous les assauts de l'Ennemi.
Bénies soit chacune des heures

Où tu m'as été donné comme protecteur
Et désigné comme défenseur !
Bénis soient ton amour et toute ta sollicitude,
Toi qui n'as de cesse de hâter mon salut !
Je te demande de me pardonner
D'avoir si souvent résisté à tes suggestions,
T'attristant ainsi, ô toi mon bon ami.
Je prends la résolution de t'obéir à l'avenir
Et de servir Dieu fidèlement. "

Sainte Gertrude Moniale 1256/1302

Toi mon Ange à qui l'Eternel
A confié les clefs du monde
Toi qui conduis les âmes dans la Lumière
Sois mon guide
Et fais que chaque jour
M'apporte la confirmation
De ta présence et de ton soutien
De ton amour et de ta protection.
Je te remercie de ta bonté et de tous les bienfaits
Que tu veux bien m'accorder.
Amen.

O Toi, mon Ange Gardien
Toi qui a été choisi par le Dieu Tout Puissant
Pour m'aider dans mon évolution personnelle
Et me donner les forces pour dépasser les épreuves
Qui jalonnent ma vie quotidienne.
Viens aujourd'hui près de moi
Donnes moi la main pour me guider
Sur la voie de l'amour et de la sérénité.
Merci à toi, mon Ange que j'aime et que je respecte.
Amen.

Lors de vos prières aux Anges Gardiens, remerciez également le Seigneur pour sa bonté et son amour.

Seigneur Dieu,
votre admirable providence nous a envoyé
vos Saints Anges avec mission de nous garder.
Exaucez mes prières et, pour me défendre,
accordez-moi toujours la protection de mon Ange Gardien
et donnez-moi dans l'éternité le bonheur
toujours secouru par le Tout-Puissant.

La pratique de la prière favorise le détachement de l'ego, facilite l'apaisement intérieur, permet l'élévation spirituelle, réconforte l'âme, donne une force intérieure et ouvre les portes conduisant à l'Ange Gardien.

Les règles d'or pour bien prier

- Privilégier un lieu apaisant, serein et confortable.
- Déterminer et respecter le moment le plus favorable.
- Prendre de la distance avec le monde matériel.
- Etre en paix avec soi-même et à l'écoute de son âme.
- Penser avec amour et confiance à son Ange Gardien.

Troisième étape

La relaxation

Pourquoi la relaxation ?

La rencontre avec son Ange Gardien passe par la prière et la méditation.

Pour prier, l'esprit doit être libre de toutes pensées pouvant s'opposer à la paix intérieure.

De même que pour méditer, il faut savoir se détacher de la Matière pour entrer en communication avec les forces célestes.

La pratique de la relaxation vous conduira à trouver ce bien-être intérieur qui vous aidera à mieux prier et à entrer en méditation avec une parfaite détente intérieure.

Le calme, la sérénité et la paix du corps et de l'esprit s'associeront pour vous permettre d'être en osmose avec votre Ange Gardien et de mieux capter ses messages d'amour.

La relaxation doit être pratiquée de façon régulière, voire journalière, si l'on veut obtenir des résultats satisfaisants. Se détendre exige un temps réservé exclusivement à soi-même en sachant déterminer le moment le plus favorable à cet exercice.

Certains préféreront le matin alors que d'autres apprécieront la soirée, l'essentiel étant que les instants choisis soient privilégiés par le calme et le silence environnant.

N'hésitez pas à investir dans des cassettes et CD qui proposent des relaxations guidées, des musiques très apaisantes ou des fonds sonores avec des bruitages d'eau, d'oiseaux...

Avec le temps et l'habitude, vous aurez la faculté de vous relaxer en quelques minutes et en toutes circonstances. Si le rituel de silence et en position allongée est très bénéfique pour le corps et l'esprit, avec l'habitude, un relâchement peut se faire en étant en position assise et dans un environnement bruyant. Le simple fait de fermer les yeux et d'effectuer une profonde respiration permet de se détacher de tous les bruits extérieurs et de trouver très rapidement en soi une détente partant des pieds pour remonter telle une vague de chaleur apaisante jusqu'au sommet de la tête.

La pratique

En fonction de vos activités et en tenant compte de votre environnement familial et de vos obligations quotidiennes, programmez le moment qui vous apparaît comme étant le plus favorable pour votre séance de relaxation.

- Commencez par être à l'aise dans les vêtements que vous portez (relâchez une ceinture trop serrée ou retirez vos lunettes si vous en portez).
- Assurez-vous que vous ne serez pas dérangé.
- Installez-vous confortablement sur le sol, un divan ou sur votre lit, un petit coussin sous la tête et une légère couverture sur le corps.
- Allongez vos jambes et laissez vos bras le long du corps. (Ne croisez jamais les bras ou les jambes afin que les énergies circulent parfaitement).
- Prenez le temps de vérifier que votre position est agréable puis fermez les yeux.
- Concentrez-vous sur votre respiration. Inspirez profondément par le nez en gonflant le ventre puis expirez en soufflant par la bouche. Faites très lentement trois respirations profondes puis reprenez doucement conscience de votre respiration naturelle.
- Portez votre attention sur les points de contact de votre corps avec le sol.
    - Concentrez-vous sur les talons, puis les mollets, les fessiers, le dos, les mains, les coudes, les omoplates, l'arrière de la tête.
    - Prenez tout votre temps pour remonter des talons jusqu'à la tête.
    - Concentrez-vous ensuite sur votre bassin, le ventre, la cage thoracique, le cou.
    - Desserrez la mâchoire, sentez votre front lisse et tout votre visage détendu et reposé.
- Au fur et à mesure de votre progression qui se doit d'être lente, vous allez ressentir une agréable sensation de chaleur,

de détente, de confort dans chacun de vos muscles. Votre corps se relâche et s'apaise. Votre mental est au repos. Votre esprit libéré de toutes tensions.

- Dans cet état de détente complète, pensez à votre Ange Gardien. Visualisez-le en l'imaginant tel que vous aimeriez le voir concrètement. Prenez tout votre temps pour faire sa connaissance par la pensée, par la prière, par l'amour que vous lui portez.
- Lorsque vous serez prêt à *" revenir "*, reprenez conscience de votre corps en remuant tout d'abord vos mains et vos pieds, puis étirez-vous en tirant très fort sur vos bras, vos jambes, votre colonne vertébrale, baillez et faites des grimaces.
- Après ces étirements, vous pouvez ouvrir les yeux et vous redresser lentement en roulant sur le côté afin d'éviter un petit vertige.

Si vous faites cette relaxation avant de dormir, il est inutile de vous étirer pour reprendre conscience de votre corps physique mais, laissez-vous aller à l'endormissement. Votre sommeil n'en sera que plus paisible et réparateur.

Les règles d'or d'une bonne relaxation
- Prendre du temps pour soi.
- S'isoler du monde et du bruit.
- Etre installé très confortablement sur le sol ou le lit.
- Pratiquer de profondes respirations.
- Se laisser aller en relâchant tout son corps.
- Adopter un fond sonore apaisant et relaxant.

Quatrième étape

La Visualisation.

Qu'est-ce que la visualisation ?

La visualisation est une énergie qui permet de " ***voir*** " mentalement car elle se déroule dans notre cerveau. C'est en effet là que nous créons les images.

Sur le plan purement physiologique nous avons deux lobes cérébraux : l'hémisphère gauche et l'hémisphère droit communiquant par le centre.

Sur le plan des fonctions, il apparaît que l'hémisphère gauche concerne le raisonnement soit, tout ce qui est rationnel tenant de la logique, de l'analyse, de la critique, du langage, de la lecture, des mathématiques…

L'hémisphère droit concerne plutôt tout ce qui est irrationnel, intuitif, émotif. Il fonctionne par associations d'idées et crée les images, la créativité, les symboles. L'hémisphère droit est le siège de l'intuition et des émotions.

La pratique

Il est extrêmement facile de pratiquer la visualisation. Une part de logique et de raisonnement de l'hémisphère gauche entre en action avec l'hémisphère droit pour créer les images qui défilent mentalement derrière les yeux fermés.

Ne vous arrive-t-il jamais de vous laisser emporter par votre imagination et de vous transporter mentalement dans un lieu idyllique imaginaire ou réel ?

Les yeux fermés, vous imaginez, vous rêvez, vous voyez ce lieu, vous êtes dans ce lieu et vous pouvez le décrire !

Si vous avez cette capacité, cela signifie que vous savez visualiser.

Certains diront qu'ils n'ont pas cette faculté de " ***voir*** ". Peu importe car, dans ce cas, il suffit simplement de " ***penser*** " aux choses, aux évènements ou aux lieux concernés. Etre en pensée est suffisant pour prendre conscience des possibilités données pour atteindre un objectif.

L'imagerie mentale renforce les moyens d'atteindre la réalisation des prières adressées à son Ange Gardien. Visualiser chaque souhait comme étant un fait acquis vous aidera à une concrétisation plus rapide de la demande faite.

Vous doutez de vos possibilités ? Vous n'êtes pas certain de pouvoir entrer dans ce domaine imaginatif ? Vous bloquez vos capacités à visualiser ?

Libérez-vous de ces pensées en pratiquant les exercices proposés ci-après.

1er exercice

- Installez-vous confortablement dans un lieu familier et qui vous convient.

- Regardez autour de vous ce qui attire le plus votre regard : un bibelot, un tableau, un meuble...

- Après une longue observation de la forme, de la couleur, de la taille de cet objet, détendez-vous puis, fermez les yeux.

- Pensez fortement à cet objet et essayez de le “ ***voir*** ”.

- Par la pensée, rappelez-vous ce que vous avez observé quelques instants auparavant en ce qui concerne la couleur, la forme, la taille.

- Prenez tout votre temps pour “ ***voir*** ” l'objet et le détailler.

- Refaites plusieurs fois cet exercice avec des objets différents.

2e exercice

- Commencez par vous remettre en mémoire des vacances qui vous ont laissé un très agréable souvenir.

- Eventuellement, regardez quelques photos prises lors de ce séjour et rappelez-vous quelques détails (chambre, salle de restaurant, piscine, plage ou chemin de montagne...).

- Installez-vous confortablement et fermez les yeux.

- Transportez-vous mentalement dans ce lieu et revivez les moments heureux.

- Regardez-vous rire, manger, danser, nager, marcher... comme si vous regardiez un film.

- Refaites cet exercice avec des lieux et souvenirs différents.

3e exercice

- Ecrivez un souhait que vous aimeriez voir se réaliser.

Exemple : “ Je réussis dans mes études et j'obtiens mon diplôme de fin d'année ”.

- Détendez-vous et fermez les yeux.

- Voyez-vous devant votre bureau ou votre table de travail avec vos livres ou votre ordinateur.

- Ressentez en vous la confiance et l'aisance devant le travail à accomplir.

- Appréciez le fait d'avoir entre vos mains, le diplôme avec votre nom.

- Ressentez le bonheur d'avoir obtenu la concrétisation de votre souhait.

Ces exercices vous aideront à entrer dans la visualisation et vous permettront d'avoir un contact facilité avec vos Anges Gardiens.

Cinquième étape

La concentration

Méditer est un moyen de contrôler l'esprit et d'arrêter le cours des pensées. Pour atteindre cet objectif, il est important de bien se relaxer et de savoir se concentrer.

Si vous ne savez pas contrôler votre esprit, vous devrez pratiquer quelques exercices afin de mieux gérer cette concentration indispensable à une bonne méditation.

La pratique

Ce premier exercice rejoint le précédent concernant la visualisation.

Il est donc inutile de le mettre en pratique si vous avez la capacité de visualiser un objet.

Dans les autres cas :

- Installez-vous confortablement dans un lieu calme et apaisant.

- Fixez durant quelques instants un objet de votre choix (fleur, vase, lampe…).

- Après un temps de fixation, fermez les yeux.

- Rappelez-vous sa forme, sa couleur, sa texture.

- Imprégnez les caractéristiques de cet objet au plus profond de votre esprit.

2e exercice

Cet exercice s'adresse à tous et mérite d'être mis en application pour faciliter la concentration.

- Commencez par fixer votre attention sur la flamme de la bougie.

- La flamme doit fasciner votre regard et faire oublier l'environnement.

- Prenez tout votre temps de l'observation afin que votre esprit soit en contact avec la flamme comme si elle allait le pénétrer.

- Lorsque vous êtes bien concentré sur cette flamme, fermez les yeux.

- Les yeux fermés, vous continuez à voir cette flamme qui bouge et danse.

- Maintenez-la dans votre esprit, puis visualisez que cette flamme diminue progressivement jusqu'à ce qu'elle ne devienne qu'un minuscule point lumineux.

- Restez en contact avec ce point jusqu'à ce qu'il disparaisse complètement.

- Dans cet état de concentration, vous devez ressentir un bien-être intérieur et un grand bonheur qui emplit votre corps et votre esprit.

- Après quelques séances, vous serez en mesure de libérer votre esprit et de vous concentrer sans avoir recours à des objets.

Rappelons la belle définition de Rimpotché.

" Au cours de la méditation, il ne faut jamais donner libre cours aux pensées concernant le passé ou l'avenir. Méditer, en fait, ne présente aucune difficulté si l'on a bien compris la méthode. On ne suit pas les pensées qui envisagent le passé ou l'avenir, on reste l'esprit détendu, tel qu'il est dans le moment présent. C'est donc très facile !

Lorsqu'on pose ainsi son esprit détendu dans le présent, il n'y a pas de souffrance. La méditation doit toujours être ainsi : sans suivre les pensées du passé ou de l'avenir l'esprit est posé dans le présent, détendu, lâchant prise "

Savoir méditer Bokar Rimpotché – Ed. Claire Lumière.

Sixième étape

La Méditation

Relaxation, visualisation, concentration, méditation et respiration forment un tout pour réunir les conditions de calme, de paix et de sérénité intérieure qui facilitent les contacts avec les Anges Gardiens.

La méditation est à la portée de tous mais ceux qui ont la

faculté de bien se relaxer auront plus de facilité pour mettre cette technique en application. Certains débutants devront être plus patients, plus persévérants et, garder confiance quant aux résultats qu'ils pourront obtenir.

Une méditation bien faite exige un maximum de concentration. Elle permet d'atténuer les effets du stress, fait disparaître l'agressivité, dissipe l'anxiété et les idées noires, calme l'accélération du rythme cardiaque, favorise le développement des émotions positives et de la créativité, conduit à la sérénité, renforce le mental.

Certains imaginent que la méditation s'apparente à une pratique exclusivement en relation avec la religion. En fait, la méditation est tout simplement une méthode de formation de l'esprit extrêmement proche de la relaxation.

En conclusion, la méditation comme la relaxation permettent de ressourcer le corps et l'esprit en éliminant les soucis de la vie quotidienne.

La technique

Tout comme dans le domaine de la relaxation, il n'y a pas un moment ou une heure plus favorable pour entrer en méditation. Certains affirment que le matin est plus bénéfique car l'esprit est encore au repos, mais c'est en fonction de votre disponibilité et en tenant compte de votre environnement familial que vous serez en mesure de programmer le moment qui vous semblera le plus favorable.

La méditation doit être pratiquée de façon très régulière. Si vous ne pouvez faire cet exercice quotidiennement, essayez de le planifier au moins deux à trois fois par semaine.

Contrairement à la relaxation qui s'acquiert assez facilement compte tenu que le corps s'abandonne en priorité dans une position allongée et confortable facilitant ainsi la détente de l'esprit, la méditation demande plus de temps et d'efforts. En effet, en ce qui concerne cette pratique, le corps doit se relâcher dans une position assise et nécessite une certaine concentration.

Cette concentration doit conduire à une parfaite libération de l'esprit.

Certains débutants risquent d'avoir quelques difficultés à adhérer à cette pratique. L'esprit a tendance à s'échapper et à suivre le courant des pensées et des habitudes : distrait par une succession de pensées, il ne demeure jamais stable en sa propre essence. C'est la raison pour laquelle il convient d'être dans un espace qui exclut toute distraction extérieure et de persévérer dans la démarche.

La pratique

- Mettez-vous à l'aise dans un lieu paisible, calme et tranquille. Peu importe qu'il s'agisse d'une chambre, d'un bureau ou d'un salon, l'essentiel étant de vous sentir bien dans cet espace qui doit vous procurer une sensation de bien-être intérieur.

En ce qui concerne la pratique, deux postures sont proposées. Il est très important que vous soyez à l'aise dans la position choisie. Celle-ci doit être agréable et ne provoquer aucune douleur particulière.

1ère posture

- Installez-vous dans la position dite du "demi-lotus ". Placez votre jambe droite repliée sur la jambe gauche également repliée, les pieds en extension. (Photo 1).

2e posture

- Asseyez-vous sur un coussin, les jambes repliées. Basculez le bassin en avant afin que les genoux touchent le sol. Dans cette position, la colonne vertébrale se redresse.

(Photo 2).

- Quelle que soit la position, posez votre main gauche sur la main droite, les paumes vers le haut. Les pouces se touchent et sont dans le prolongement l'un de l'autre. (Photo 3).

- Les deux mains posées sur les cuisses sont en contact avec l'abdomen. (Voir photos 1 et 2)

- Tenez-vous bien droit et dites-vous que vous allez " ***pousser le ciel avec le sommet de votre tête*** ".

- Maintenez la tête bien droite, les épaules relâchées et les yeux baissés.

- La stabilité de cette posture permet une totale immobilité.

- La position doit vous convenir et vous ne devez ressentir aucune tension durant l'exercice.

- Concentrez-vous sur votre respiration qui joue un rôle essentiel dans la méditation.

- L'expiration se doit d'être longue et profonde en gonflant le ventre. L'inspiration doit se faire tout naturellement en chassant l'air de vos poumons en poussant avec le ventre.

- En portant toute votre attention sur la respiration, votre esprit ne pourra pas s'échapper pour vagabonder.

" Notre expiration est celle de l'Univers entier. Notre inspiration est celle de l'univers entier. A chaque instant, nous réalisons ainsi la grande œuvre illimitée. Avoir cet esprit là, c'est faire disparaître tout malheur et engendrer le bonheur absolu. "

Kodo Sawaki

Photo 1

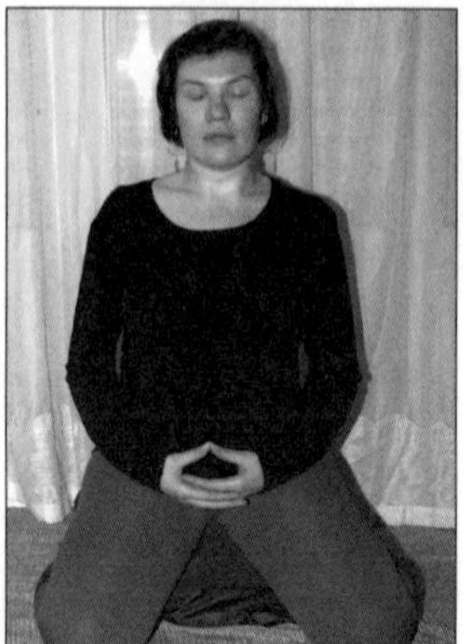

Photo 2

Photo 3

Les règles d'or de la méditation

- Etre bien positionné.
- Etre à l'écoute de sa respiration.
- Relaxer l'esprit de toutes pensées.
- Cesser de penser aux choses du monde.
- Etre en harmonie avec son corps et son esprit.

CHAPITRE V

L'étape de la communication

La première étape franchie, vous allez pouvoir entrer dans la seconde phase du contact et de la communion avec votre Ange Gardien.

Tout d'abord, vous devez prendre conscience que votre Ange Gardien est toujours présent. Il vous protège en partageant votre vie de façon permanente. Certes, vous n'en avez pas toujours eu conscience mais, à présent, vous serez plus disponible et plus à l'écoute de sa compagnie en partageant votre vie avec lui ...

N'oubliez pas que trois Anges Gardiens sont à votre service et toujours prêts à intervenir pour vous apporter aide et soutien. Mais sachez également, qu'ils interviennent même lorsqu'ils n'ont pas été sollicités et cela dans le but de vous détourner d'une difficulté ou vous soutenir dans une épreuve.

Combien de fois avez-vous ressenti ce souffle inattendu et bénéfique alors que vous étiez dans une situation délicate ou douloureuse ? Combien de fois avez-vous ressenti le besoin de remercier le ciel devant un heureux dénouement d'un problème qui vous semblait insoluble ? Combien de fois avez-vous eu la sensation que vous n'étiez pas seul et qu'une présence invisible vous protégeait ? Combien de fois avez-vous eu, brusquement, un sentiment de bien-être intérieur alors que quelques instants auparavant, vous ressentiez une angoisse ou un malaise profond ?

Dans toutes ces situations, avez-vous pris conscience que vos Anges Gardiens veillaient avec amour sur vous ? Qu'ils étaient là pour vous guider, vous protéger, vous éclairer, vous rassurer et vous aimer ?

Certes, ce contact avec les Anges ne vous est peut-être pas apparu comme évident. Les choses se sont ainsi faites tout naturellement... et sans que vous n'ayez éprouvé le besoin de vous poser de questions !

Aujourd'hui, il est temps de prendre conscience que vos Anges Gardiens veillent sur vous et qu'il serait temps de les remercier pour leur bonté, leur générosité et leur amour.

A quel moment peut-on prendre contact avec son Ange Gardien ?

Comme nous l'avons dit précédemment, les Anges sont toujours près de nous. De par leurs présences constantes, il est clair qu'il est possible de faire appel à eux à chaque instant de notre vie et en toutes circonstances.

La foi, l'amour et la confiance peuvent être les déclencheurs de l'échange, quel que soit le moment ou le lieu.

Dans le chapitre précédent, il vous a été donné toutes les techniques à perfectionner et à mettre en application pour faciliter les contacts avec les Anges Gardiens. Avec l'entraînement et l'habitude, le processus de “ relaxation – visualisation - concentration - méditation ” devrait intervenir de façon instinctive, naturelle et très facilement en quelques instants.

Ainsi, dans le cas d'une peur, d'une angoisse, d'une oppression intérieure, d'un conflit avec une autre personne ou d'un malaise quelconque dans un lieu animé et public, il vous suffira de baisser les yeux ou de fixer votre regard sur un objet précis tout en vous concentrant sur de profondes respirations. Cette concentration vous permettra de vous couper mentalement tout autant du bruit que du monde extérieur. Vous serez alors dans l'état idéal de conscience pour appeler votre Ange Gardien à votre secours afin qu'il intervienne pour vous libérer de la peur, de l'angoisse, de l'oppression, vous soulager du malaise ressenti ou ramener l'harmonie dans les échanges avec des personnes agressives.

Les Anges Gardiens répondent à toutes les prières et selon le besoin du sujet, l'un des trois Anges Gardiens interviendra pour apporter le soulagement et l'apaisement.

A titre d'exemple, dans le cas d'une peur ou d'une angoisse, c'est l'Ange Emotionnel qui viendra réconforter le sujet en favorisant le retour au calme intérieur.

Par contre, dans le cas d'un rapport plus conflictuel avec d'autres personnes, c'est votre Ange Physique qui interviendra pour ramener la paix et l'harmonie.

Sachez que dès l'instant où votre demande aura été formulée, un Ange se manifestera pour exaucer votre prière.

N'oubliez jamais d'être reconnaissant et de le remercier pour ses bienfaits.

Comment prendre contact avec l'Ange Gardien ?

En dehors des appels en “ urgence ”, les contacts avec les Anges Gardiens demandent un peu de temps, de patience, d'amour et de prières. Un rituel s'avère nécessaire pour obtenir des réponses à ses interrogations ou la réalisation des souhaits.

Dans un premier temps, il est conseillé d'adresser une prière à votre Ange Gardien durant sept jours de suite. Cette démarche est uniquement une reconnaissance, un lien que l'on va créer entre le monde physique et le monde astral. Durant cette période de sept jours, vous ne lui demanderez pas d'exaucer un souhait. Vous ne lui prodiguerez uniquement que du respect et de l'amour.

C'est à partir du huitième jour que vous pourrez formuler votre vœu.

Les conseils

- Prenez le temps de bien réfléchir à votre souhait.
- Assurez-vous qu'il ne fera de tort à personne.
- Ne soyez pas trop exigeant ou excessif dans vos désirs.
- N'adressez qu'un seul souhait à la fois.
- Soyez patient et attendez bien les messages avant de poser d'autres questions.
- Quels que soient les résultats, restez respectueux vis-à-vis de votre Ange Gardien.
- Ne vous découragez pas si vous n'avez pas de message et gardez-lui votre confiance.

La pratique

- Installez-vous dans un lieu calme, serein et confortable.
- Allumez une bougie de la couleur du jour ou en correspondance avec votre Ange. (Voir page 31)
- Faites brûler de l'encens en correspondance avec le jour ou avec votre Ange (voir page 31)
- Fermez les yeux.
- Pratiquez de profondes respirations.
- Détendez tout votre corps par la relaxation.
- Détendez tout votre esprit par la méditation.
- Concentrez-vous sur la présence de votre Ange et visualisez-le.
- Adressez-lui une prière de votre choix que vous pouvez formuler mentalement ou à haute voix.
- Enoncez votre souhait le plus clairement possible.

- Poursuivez avec une autre prière.
- Reformulez une seconde fois votre souhait.
- Restez bien concentré et à l'écoute des messages qui vous seront transmis.
- Soyez patient et persévérant et gardez confiance quels que soient les résultats.
- Recommencez plusieurs jours de suite, de préférence aux mêmes heures et dans les mêmes conditions conseillées ci-dessus.
- N'oubliez jamais de le remercier même si vous n'avez pas obtenu ce que vous en attendiez.

Pour faciliter les contacts et fortifiez votre lien avec vos Anges Gardiens, prenez le temps de leur adresser dès le matin un remerciement pour vous avoir protégé durant la nuit pendant votre sommeil. Chaque soir, offrez-lui un sourire et une petite prière en remerciement pour vous avoir accompagné tout au long de la journée.

Prière du matin

" Bonjour mes Anges Gardiens,

mes protecteurs en qui j'ai toute confiance.

Merci d'avoir veillé sur moi durant toute cette nuit.

Merci de me guider et me protéger durant cette journée.

Merci à vous que j'aime et que je vénère ".

Prière du soir

" Bonsoir mes Anges Gardiens,

mes protecteurs en qui j'ai toute confiance.

Merci de m'avoir protégé durant toute cette journée.

Merci de veiller sur moi durant toute cette nuit.

Merci à vous que j'aime et que je vénère. "

Comment les Anges Gardiens nous répondent-ils ?

Les échanges avec les Anges Gardiens restent très subtils. De ce fait, il ne faut pas s'attendre à une apparition ni à entendre des messages clairement exprimés.

L'Ange intervient par l'intermédiaire de votre conscience : elle est votre petite voix intérieure. Elle est votre INTUITION qui ne demande qu'à servir pour que votre vie ne soit que bonheur et amour !

Lorsque vous êtes dans la phase " méditation – concentration " c'est-à-dire dans un état de paix, de calme, de sérénité et d'amour, des images vont défiler derrière vos yeux fermés. Ces images sont des symboles destinés à vous guider et vous orienter dans la bonne direction en fonction des questions posées ou vous aider dans la concrétisation heureuse de tous vos souhaits.

L'analyse de cette symbolique demande quelquefois un temps de réflexion et oblige à voir au-delà des apparences. Vous devrez apprendre à vous familiariser avec cette forme de langage afin de le maîtriser totalement.

Dites-vous que rien ne s'acquiert dans la facilité et qu'avec le temps et la patience, non seulement le décryptage des symboles vous paraîtra évident mais les contacts avec les Anges Gardiens deviendront plus forts, plus enrichissants et plus rassurants.

Les Anges utilisent principalement notre intuition pour communiquer mais ils interviennent également au travers de nos rêves.

Les rêves peuplent toutes nos nuits. Certains ne veulent pas en prendre conscience et affirment qu'ils ne rêvent pas ! Pourtant, nul n'échappe aux rêves...

Il est donc très important d'analyser " ***ces images de la nuit*** " qui sont des messages transmis par nos Anges Gardiens. Nombreux sont ceux qui disent faire des rêves “ prémonitoires ”. Ces rêves préviennent, informent, confirment des situations ou évènements à venir. Inconsciemment, l'esprit du sujet prend toute son ampleur par rapport à une préoccupation ou un espoir de réalisation d'un vœu et les réponses lui parviennent par l'intermédiaire d'un rêve. Dans certains cas, ces informations sont extrêmement claires et précises mais dans d'autres cas, on revient à l'obligation d'une analyse de symboles.

Il est donc tout à fait possible d'adresser ses vœux aux Anges Gardiens le soir en se couchant.

La pratique

- Installez-vous dans votre lit dans la position de la relaxation.
- Eteignez la lumière et fermez les yeux.
- Pratiquez trois respirations profondes.
- Tendez tout votre corps fortement puis relâchez-le en soufflant.
- Adressez une prière à votre Ange Gardien.
- Exprimez ensuite votre question ou votre vœu.
- Demandez-lui de vous rendre visite durant la nuit pour vous guider ou vous donner les éclaircissements espérés.
- Remerciez-le de sa bonté et de sa bienveillance.

Ne vous découragez pas si vous n'avez pas obtenu de réponse ou de message dès la première nuit et recommencez dès le lendemain toujours avec confiance.

En conclusion, les Anges Gardiens utilisent toutes sortes de moyens pour entrer en contact avec nous et transmettre leurs messages. Soyez très attentif à tout ce qui se passe autour de vous.

Les règles d'or pour entendre les Anges Gardiens
- Soyez à l'écoute de votre intuition et surtout, faites-lui confiance.
- Analysez vos rêves et tenez compte des images transmises durant la nuit.
- Sachez être à l'écoute de tous les petits signes de la vie que vous auriez tendance à qualifier de “ hasard ” mais qui sont des signes angéliques.

Que peut-on demander à son Ange Gardien ?

Tout ou presque tout dès l'instant où les vœux sont sains, sincères et honnêtes.

Les souhaits pouvant entraîner des soucis, problèmes ou maladies à des personnes de l'entourage ou des demandes basées sur un désir de pouvoir de domination bassement matériel, égoïste et orgueilleux ne seront pas exaucés car les Anges Gardiens ne peuvent accepter le manque de bienveillance et de bonté.

Dans ces cas, non seulement ils se détourneront des demandeurs mais ils cesseront de répondre à leurs appels ou de les aider et les soutenir en certaines circonstances.

Ainsi, à titre d'exemple, vouloir détourner un homme de sa compagne pour l'attirer vers soi ou souhaiter faire renvoyer une personne pour prendre son emploi sont des demandes contraires à l'éthique des Anges Gardiens qui œuvrent pour le bien de tous et non pour faire souffrir.

Avant de formuler vos vœux et vos souhaits :

- Réfléchissez bien aux retombées et conséquences de vos demandes.
- Prenez tout votre temps pour analyser chaque situation.
- Imaginez ce qu'une réalisation de souhait peut entraîner comme évènement particulier dans le devenir.

Les Messagers de Dieu sont " *Amour* " et agissent toujours avec le cœur.

Ils savent en conséquence, adopter les comportements qu'ils jugeront sains pour le bien de tous.

Si les demandes méritent d'être révisées, les Anges Gardiens enverront des messages pour prévenir le sujet qu'il s'oriente dans une mauvaise direction. Si le message est bien compris et que les demandes sont rectifiées avec de meilleures intentions, l'Ange interviendra pour aider à la concrétisation des vœux.

Dans le cas contraire, après avoir envoyé plusieurs messages d'alerte, si le sujet reste sur ses positions, l'Ange se détournera du sujet et ne lui apportera plus sa Lumière lorsque celui-ci sera dans les ténèbres.

Quel Ange Gardien faut-il contacter ?

Bien que, selon la Kabbale, trois Anges Gardiens nous soient attribués et veillent sur nous en permanence, il est tout à fait possible de faire appel à tous les Anges existants.

Ainsi, nombreux sont ceux qui font appel aux trois Anges connus comme étant les plus importants dans la hiérarchie soit : Gabriel, Michaël et Raphaël.

D'autres, s'adressent aux Archanges ou Recteur d'Ordre qui dirigent une hiérarchie dans laquelle se trouve leur Ange Gardien.

Quels que soient les souhaits d'un sujet et quel que soit le nom de l'Ange invoqué, les demandes seront toujours écoutées et prises en compte car tous les messagers célestes ont pour mission d'accomplir des vœux, de protéger, de guider, de réconforter.

Les repères vous ayant été donnés au début de cet ouvrage pour que vous puissiez découvrir les noms de vos trois ***" Anges Gardiens Personnels*** ", il apparaît normal de prendre contact en priorité avec eux.

Vous contacterez votre ***Ange Physique*** lors des souhaits concernant les situations financières, les activités professionnelles, les transactions d'affaires importantes ou juridiques, les activités physiques ainsi que pour retrouver des objets perdus.

Cet Ange donne la force nécessaire pour atteindre les différents objectifs matériels de la vie quotidienne.

Vous contacterez votre ***Ange Emotionnel*** lors de souhaits concernant la vie affective, familiale, amoureuse, amicale et relationnelle au sens le plus large du terme.

Cet Ange aide également au développement des sentiments tels que la compassion, la compréhension, la bienveillance et permet de maîtriser l'agressivité, les colères, l'impulsivité.

Vous contactez votre ***Ange Spirituel*** pour toutes vos démarches en relation avec la Foi, la religion, la recherche de la paix et de la communion avec son âme.

Cet Ange est le guide qui permet de trouver la voie de la Lumière Spirituelle.

La pratique

- Notez les noms de vos trois Anges Gardiens.
- Notez également le nom des Archanges qui dirigent chacun de vos Anges.
- Ecrivez clairement votre souhait sur une feuille de papier.
- Déterminez ensuite l'Ange Gardien qui devra être sollicité.
- N'hésitez pas à offrir également une prière à l'Archange qui dirige votre Ange.

Avant d'entrer dans le processus de la détente, de la méditation et de la concentration vous devez vous sentir prêt à cette démarche qui doit vous permettre la communication, le dialogue, l'échange avec votre Ange Gardien.

Les formulations

Pour une demande d'aide, de protection ou de réconfort, des éclaircissements face à des doutes et des incertitudes, un encouragement devant une situation délicate, l'aboutissement d'une affaire en cours, la réalisation d'un souhait qui tient à cœur, le sujet devra savoir prendre le temps d'analyser avec sérieux et conviction sa demande et de la formuler en des termes clairs et précis.

Quelques exemples de formulations

Contacter l'Ange Physique pour les formulations suivantes :

- Toi, mon Ange, (Citez le nom de votre Ange)
- Aide-moi dans ma recherche d'emploi.
- Aide-moi à trouver une bonne orientation professionnelle.
- Aide-moi pour améliorer ma situation matérielle.
- Aide-moi dans mes études.
- Aide-moi dans la réalisation de mes projets.
- Donne-moi la force nécessaire pour diriger et commander.
- Donne-moi les solutions pour régler mes affaires d'ordre juridique.
-Protège-moi lors de mes voyages ou déplacements.
- Aide-moi à retrouver des documents perdus.
- Aide-moi à réussir dans mes activités sportives.

Contacter l'Ange émotionnel pour les formulations suivantes

- Toi, mon Ange, (Citez le nom de votre Ange)
- Aide-moi dans ma recherche d'une âme-sœur.
- Aide-moi à trouver l'équilibre affectif.
- Aide-moi à faire un choix dans ma vie sentimentale.
- Aide-moi dans ma communication avec les autres.
- Aide-moi à respecter mes amis, mes relations et ma famille.

- Aide-moi à développer ma bienveillance et ma tolérance.
- Aide-moi à combattre ma négligence et à me libérer de ma médiocrité.
- Aide-moi à maîtriser mon agressivité et mon impulsivité.
- Aide-moi à surmonter mes peines et mes chagrins.
- Aide-moi à maîtriser mes états émotionnels.

Contacter l'Ange spirituel pour les formulations suivantes :

- Toi, mon Ange, (Citez le nom de votre Ange)
- Aide-moi à pardonner.
- Aide-moi à surmonter les épreuves.
- Donne-moi la patience, la persévérance, la foi.
- Aide-moi à développer mon intuition.
- Aide-moi dans le développement de ma spiritualité.
- Donne-moi la sagesse nécessaire à mon âme.
- Montre-moi le chemin de l'amour Divin.
- Fais que la lumière qui est en moi accomplisse des miracles dans mon corps, mon âme et mon esprit.

Ces quelques exemples sont destinés à vous aider dans vos formulations.

N'oubliez pas que chaque démarche devra être sincère.

Sachez parler avec votre cœur, votre amour et votre foi.

Les vœux non exaucés

Il arrive que malgré la foi et la sincérité d'une démarche, un souhait ne se réalise pas. Certes, la déception est inévitable et le doute risque de s'insinuer dans l'esprit du demandeur.

Avant de rejeter le pouvoir des Anges et de réagir négativement vis-à-vis d'eux, il est nécessaire, non pas de remettre en question l'existence et le pouvoir des Anges, mais de se remettre en question soi-même face à notre souhait.

Il y a plusieurs raisons pour lesquels des vœux ne sont pas exaucés.

- Votre demande a été mal formulée.

- Vous avez manifesté un souhait en laissant votre inconscient vous souffler qu'il ne pourra pas se réaliser.

- Votre souhait risque d'avoir une répercussion négative sur des personnes proches.

- Votre demande n'est pas raisonnable.

- Vous n'êtes pas encore totalement prêt à assumer la réalisation de votre demande.

- Votre souhait risque de freiner ou de bloquer une autre réalisation importante pour votre avenir.

D'autres raisons peuvent également intervenir, mais c'est à vous de savoir déterminer le ***“ pourquoi ”*** de cet échec.

Pour mieux en comprendre les motifs, prenez contact avec votre Ange en lui demandant de vous éclairer et de vous montrer la voie à suivre.

Soyez patient, clair et précis. Restez à l'écoute de tous les messages pouvant vous parvenir. Gardez confiance en vous et ne perdez jamais confiance en eux !

Faire appel aux Anges pour une tierce personne.

En règle générale, nous faisons appel à nos Anges Gardiens pour nos besoins et souhaits personnels.

Mais, lorsqu'une personne très proche de nous se trouve dans une situation délicate ou conflictuelle, qu'elle soit malade ou triste et déprimée, qu'elle ne fasse plus aucun effort pour réagir face à ses épreuves, une question se pose : pouvons-nous faire appel aux Anges pour la réconforter, la guider ou l'aider ?

Dans un premier temps, il est toujours possible d'orienter cette personne en lui communiquant les moyens destinés à entrer en contact avec les Anges qui l'aideront à se libérer de ses souffrances.

Certaines personnes resteront cependant sceptiques ou pas suffisamment motivés pour tenter ces démarches. D'autres, trop fatigués ou découragés n'auront pas l'énergie nécessaire pour se détendre, se concentrer ou prier !

Si nous sommes convaincus que nous pouvons aider ces proches en difficultés, il devient tout à fait possible d'intercéder pour eux auprès des Anges.

La pratique

- Si vous connaissez la date et l'heure de naissance de la personne que vous souhaitez aider, il vous suffira de repérer les noms de ses Trois Anges Gardiens selon les tableaux correspondants.

- Dans le cas contraire, vous procéderez par une recherche en chiffrant le nom et le prénom de cette personne en vous référant aux indications données page 26 et suivantes.

- Vous avez également une troisième possibilité en demandant à vos Anges personnels d'intervenir auprès des Anges de votre protégé afin de lui apporter aide et soutien.

- Techniquement, vous procéderez comme pour vous-même soit : détente, méditation, concentration et prières.

- Lorsque vous avez atteint l'état idéal de communication, vous vous adresserez à l'Ange de votre protégé ou à votre Ange personnel en lui demandant d'être bienveillant et de bien vouloir éclairer cette personne pour qu'elle retrouve la paix et la sérénité.

- Renouvelez régulièrement vos prières jusqu'à ce que vous perceviez le rétablissement de ceux que vous aimez et pour lesquels vous aurez prié avec sincérité et amour.

- N'oubliez pas de remercier les Anges de leur bonté et de leur soutien.

Les Archanges Gabriel, Michaël et Raphaël.

Les trois Archanges nommés ***Gabriel***, ***Michaël*** et ***Raphaël*** sont de toute évidence les plus connus et certainement les plus sollicités par les personnes qui souhaitent que leurs vœux soient exaucés.

Quels sont les pouvoirs de ces trois Archanges ?

- L'Archange Gabriel ou la Force de Dieu

Préposé au paradis, messager Divin par excellence, Gabriel répond aux demandes concernant l'amour et l'amitié, il apporte la paix et la sérénité, permet de développer l'indulgence, la charité et l'amour du prochain, favorise la compassion et les réconciliations, augmente les dons psychiques et accentue les rêves prémonitoires. Il aide également à la guérison.

- L'Archange Michaël ou La Gloire et la Majesté

Préposé aux meilleurs des hommes à la garde du peuple, Michaël accède aux demandes concernant la paix, la protection et l'amélioration des finances et de tous les biens matériels, il accélère le succès des entreprises, favorise la fertilité, règle les conflits par la diplomatie et préserve des escrocs et des voleurs.

- L'Archange Raphaël ou Dieu qui guérit

Grand dispensateur de la sérénité, Raphaël soulage les maux, les douleurs physiques, le mal-être. Il répond à toutes les demandes concernant la communication, favorise les voyages et les déplacements, accroît les facultés intellectuelles, il assure la liberté et augmente les pouvoirs de divination et de clairvoyance.

Invocation aux Archanges

J'invoque ta présence
O puissant (*Citez le nom de l'Archange*)
Intercède pour moi auprès du Tout-puissant.
Ecoute ma prière.
Aide-moi à obtenir ce que je désire.
Ma demande est juste et bonne.
(Enoncez clairement votre souhait)
Je t'implore, ô puissant (citez le nom de l'Archange)
de me guider pour la réalisation de mon vœu
En tout bien et tout honneur
Merci Cher Archange de ton aide et de ton soutien.
Amen.

Rappel

Les souhaits se formulent avec foi, confiance et amour dans un état de détente physique parfaite, de paix intérieure, dans un environnement calme et serein.

Seules, ces conditions favoriseront la communication avec les Anges et les Archanges.

Sachez les aimer, sachez les respecter, sachez les remercier.

CHAPITRE VI

Les pouvoirs des soixante-douze Anges

Vous avez fait connaissance avec vos Trois Anges Gardiens et ceux-ci ont le pouvoir de répondre à tous vos vœux, demandes et prières et, cela, sans aucune exception. Vous pouvez, en conséquence et en toute confiance, faire appel à eux selon vos besoins : vous serez entendu et exaucé.

Toutefois, chaque Ange est chargé de missions personnalisées et possède des pouvoirs précis. Lors d'une demande, un sujet peut parfaitement s'adresser à ses Anges Gardiens personnels mais il peut adresser une prière complémentaire à un Ange dont la mission première correspond à cette demande.

Tous les Anges nous aiment et sont disponibles pour nous aider à bien nous diriger sur le chemin de la vie quotidienne.

Aimons-les tous, sachons les respecter et les remercier pour leurs bienfaits et pour leur amour.

Les principales missions des soixante-douze Anges

Le Chœur angélique des Séraphins
Recteur d'Ordre : Archange Metatron Serpanim
Les Séraphins s'harmonisent avec la couleur or.
L'encens privilégié : Œdipe
Influence planétaire : Neptune

Les Séraphins aident à la purification des péchés.

Ils aident à trouver le chemin de la paix, de la bonté, de la générosité et de l'amour.

1 - Véhuiah

- Accorde les moyens nécessaires pour franchir les obstacles et les difficultés de la vie quotidienne tant dans le domaine privé que professionnel.

- Donne toutes les forces, le courage et l'énergie pour faire face aux diverses situations qui nécessitent de réagir dans l'urgence.

- Développe la spiritualité, stimule l'intuition, exalte la créativité.

- Favorise une excellente remise en forme en cas de faiblesse physique.

- Développe l'esprit de combativité mais protège de l'agressivité et de l'impulsivité.

- Influence favorablement les scientifiques, les astronomes et les artistes novateurs.

2 - Jéliel

- Développe la joie de vivre, la bonne humeur et la générosité tout en accordant une excellente énergie très vivifiante.

- Favorise les échanges, la communication, le dialogue avec autrui et met en exergue les valeurs morales et spirituelles.

- Accorde une autorité naturelle permettant d'exercer des activités de pouvoir et de commandement.

- Permet d'être lucide face aux évènements du quotidien et apporte un soutien efficace dans toutes les affaires juridiques.

- Harmonise la vie familiale et favorise la fidélité conjugale.

- Influence favorablement les interprètes, les négociateurs, les médiateurs, les agriculteurs.

3 - Sitael

- Accorde son appui et son soutien en toutes circonstances et en tous domaines dès l'instant où les causes sont justes.

- Aide à sortir des ténèbres pour trouver la bonne voie de la destinée et apprendre à s'affirmer dans le monde matériel.

- Permet d'accéder à des postes importants de responsabilités, de pouvoir et de commandement.

- Valorise les valeurs morales et spirituelles, la noblesse des sentiments, le sens de la justice

- Protège contre les forces nuisibles et malveillantes en accordant l'apaisement du cœur et de l'esprit.

- Influence favorablement les architectes, les ingénieurs, les bâtisseurs, les hauts fonctionnaires.

4 - Élémiah

- Aide à faire des choix dans les démarches professionnelles et prendre des décisions énergiques pour atteindre la réalisation des ambitions sociales.

- Favorise la réussite des nouveaux projets professionnels et la prospérité en ce qui concerne le domaine financier.

- Accorde sa protection dans les déplacements et voyages tant professionnels que personnels.

- Permet de se libérer des angoisses, des soucis, et préoccupations diverses.

- Développe la volonté, le courage, la combativité et donne une excellente énergie physique et morale.

- Influence favorablement ceux qui veillent sur la sécurité et la sauvegarde de la nature et de l'environnement.

5 - Mahasiah

- Accorde les forces morales pour surmonter les difficultés et les épreuves et permet de vivre en paix et en harmonie avec soi-même et avec les autres.

- Ouvre à l'entente dans la vie en collectivité et accentue le sens de l'harmonie et de l'esthétique.

- Permet de mettre en application la compassion et l'humilité.

- Favorise toutes les démarches liées aux initiations spirituelles.

- Développe la force morale, le savoir-faire, la connaissance permettant une heureuse évolution de la vie personnelle.

- Influence favorablement les professions libérales, les sciences, les mathématiques.

6 - Lélahel

- Accélère la guérison, permet un excellent rétablissement de la santé et favorise un équilibre intérieur très apaisant.

- Accorde la renommée dans les activités artistiques et la chance dans les souhaits d'évolution matérielle.

- Favorise la communication avec l'entourage, permet de rencontrer une âme sœur et encourage une évolution amoureuse très heureuse.

- Favorise la spiritualité, la générosité, l'amour des autres et développe les dons personnels comme le magnétisme.

- Influence favorablement la médecine holistique et les artistes au sens le plus large du terme.

7 - Achaiah

- Augmente la patience, la persévérance, l'habileté, l'ingéniosité tout en maintenant l'émotivité et la sensibilité.

- Développe les capacités de réflexion, de méditation et une meilleure compréhension du sens de la vie.

- Aide à trouver sa voie et de s'orienter dans une bonne direction dans la vie matérielle et spirituelle.

- Favorise tout ce qui demande du discernement, de la précision et de la minutie.

- Influence favorablement les domaines littéraires et scientifiques ou nécessitant une grande précision comme l'électronique ou l'informatique.

8 - Cahéthel

- Permet d'apprécier tous les petits plaisirs de la vie comme les promenades dans la nature.

- Favorise les sources d'inspiration et d'élévation de l'âme et permet de comprendre les forces subtiles qui poussent à trouver l'harmonie et l'équilibre de soi.

- Aide au développement de l'intuition, de l'humilité, de la plénitude et de la générosité.

- Développe le sens de la communication et de l'expression écrite et accentue le désir d'entreprendre de nouveaux projets.

- Apporte son soutien dans les rituels destinés à chasser les mauvais esprits, les vibrations négatives, la pollution du corps et de l'esprit.

- Influence favorablement toutes les activités agricoles, les cultures ou l'élevage.

Le Chœur angélique des Chérubins
Recteur d'Ordre : Archange Raziel
Les Chérubins s'harmonisent avec la couleur argent.
L'encens privilégié : Electre
Influence planétaire : Uranus

Les Chérubins développent l'intellectualité, la sagesse et l'intuition spirituelle.

Ils transmettent des paroles de paix et offrent le bien-être, la tranquillité d'esprit et la chance.

9 - Haziel

- Permet de trouver l'harmonie dans les relations amicales et amoureuses.
- Aide à pardonner et à évoluer sur le chemin de l'honnêteté dans un environnement de paix et de sérénité.
- Accorde sa protection sur tout ce qui est en relation avec les biens et les finances et permet de mener à terme tous les projets.
- Protége des tromperies et des escroqueries et apporte son soutien pour favoriser la réconciliation avec les ennemis.
- Accorde un esprit curieux et inventif ainsi qu'une nature intuitive et astucieuse.
- Influence favorablement la négociation et tous les engagements envers autrui.

10 - Aladiah

- Aide à se libérer des angoisses, du stress, de la nervosité et influe très favorablement sur la guérison des maladies.
- Protège contre toutes les attaques, les conflits et l'adversité et favorise la tolérance et la clarté de jugement.
- Favorise la réalisation de projets en accordant un esprit

méthodique et attentif aux affaires qui se présentent.

- Accorde force et clairvoyance pour reconnaître ses erreurs et les corriger.

- Permet de retrouver la confiance en soi et guide vers la solidarité et la convivialité.

- Influence favorablement toutes les professions ayant un lien avec la santé ou l'éducation.

11 - Lauviah

- Accorde la protection contre tous les bouleversements et désordres, protège de la jalousie et des mensonges et permet d'éviter les excès.

- Stimule la confiance, l'optimisme et procure la sagesse et favorise le développement des valeurs spirituelles et philosophiques.

- Accroît les facultés intellectuelles et permet d'obtenir succès et notoriété dans le domaine professionnel.

- Développe de nouvelles relations amicales sous le signe de la sagesse et de la fidélité.

- Facilite les régressions et donne accès à la connaissance des vies antérieures.

- Influence favorablement les activités intellectuelles : écrivains, professeurs et scientifiques.

12 - Hahaiah

- Protège contre l'adversité, les abus de confiance, les mensonges, les indiscrétions et domine la violence, l'agressivité et l'impulsivité.

- Favorise le sommeil, les rêves prémonitoires et leurs interprétations ainsi que l'analyse des choses du passé.

- Aide à rétablir la vérité et défendre ses droits dans les situations difficiles.

- Développe l'énergie et la réflexion et permet de s'élever très positivement dans le monde matériel.

- Influence favorablement les activités en relation avec l'occultisme et le psychisme humain, inspire les artistes peintres.

13 - **Yézalel**

- Contribue à rétablir la paix dans les relations, à respecter les engagements pris vis-à-vis d'autrui et facilite les réconciliations.

- Accorde le sens de la communauté et des responsabilités envers les relations environnantes.

- Apporte son aide et son soutien pour sortir des situations difficiles ou de tous les conflits d'ordre judiciaire.

- Développe la mémorisation, la volonté et l'enthousiasme.

- Invite à se remettre en question afin d'améliorer son devenir et permet de faire les changements nécessaires pour une meilleure évolution tant dans le domaine matériel que spirituel.

- Influence favorablement l'étude des matières nécessitant une bonne mémoire comme l'histoire, la géographie ou le droit.

14 - **Mébahel**

- Influence fortement le sens de la justice et de l'équité et permet de rétablir l'équilibre et l'harmonie dans tous les domaines.

- Permet de lutter contre la jalousie et libère des injustices et des spoliations et dévoile les machinations et les faux témoignages.

- Apporte son soutien dans les rituels destinés à se libérer des vibrations négatives.

- Développe l'harmonie, le discernement et la lucidité et accorde des valeurs généreuses et humaines.

- Invite à agir en sachant respecter les droits et les devoirs de chacun.

- Influence favorablement toutes les carrières ayant un lien avec le droit, la justice et les missions humanitaires.

15 - Hariel

- Aide au développement de la foi, de la spiritualité et la compréhension des lois divines.

- Libère des liens de dépendance, des doutes, des incertitudes, des égarements et de toutes les mauvaises habitudes.

- Permet une amélioration dans tous les domaines de la vie quotidienne en favorisant une perception plus sensitive des choses.

- Favorise les qualités de tolérance, de médiation et d'adaptation en toutes circonstances.

- Procure une grande ingéniosité et efficacité dans le domaine des activités professionnelles.

- Influence favorablement toutes les activités en relation avec la spiritualité et l'aide aux êtres humains ainsi que les études linguistiques.

16 - Hékamiah

- Accorde le sens de la stratégie, de l'honneur et améliore la confiance en soi favorisant la réussite de toutes les entreprises.

- Accentue la franchise, la loyauté, la fidélité et la capacité de persuasion.

- Développe l'efficacité dans les démarches de recherche d'emploi et permet de triompher des conflits.

- Aide au développement de l'intuition et de la sensibilité et accentue les dons de voyance.

- Influence très favorablement les “ Grands de ce monde ” détenant le pouvoir et la renommée.

Le Chœur angélique des Trônes
Recteur d'ordre : Archange Zaphkiel
Les Trônes s'harmonisent avec la couleur Indigo.
L'encens privilégié: Storax
Influence planétaire : Saturne

Les Trônes favorisent la volonté, le courage, l'énergie persévérante.

Ils permettent le développement des efforts destinés à comprendre les erreurs et agir en conséquence pour dépasser les épreuves.

17 - Lauviah 2

- Libère des angoisses, du stress, des états émotionnels, des déprimes et redonne une énergie bienfaisante.

- Favorise le sommeil, les rêves prémonitoires, l'apaisement, la sérénité intérieure et l'intuition spirituelle.

- Accorde la persévérance et la rigueur nécessaires pour retrouver l'harmonie et l'équilibre dans tous les domaines de l'existence quotidienne.

- Favorise les retrouvailles de relations affectives et développe le sens de l'harmonie et de l'esthétique.

- Permet de faire face aux différentes épreuves de la vie et donne le sens du sacrifice et de don de soi.

- Influence favorablement le domaine de la psychologie ainsi que les écrivains, les compositeurs et les astrologues.

18 - Caliel

- Donne la maîtrise de soi et apporte un secours rapide face aux adversités, conflits et attaques de toutes sortes.

- Développe la persévérance et permet d'acquérir le sens de l'analyse, de la synthèse et du discernement.

- Accorde la victoire de la vérité face à la justice humaine en luttant contre toutes les manœuvres injustes et malhonnêtes.

- Aide à lutter contre tous les états d'âme, la tristesse, la mélancolie, le pessimisme et permet de surmonter les angoisses et les faiblesses.

- Influence favorablement les activités mettant tout en œuvre pour aider et protéger ceux qui sont injustement accusés.

19 - Leuviah

- Développe la loyauté, la franchise et favorise la patience, la modestie et la simplicité.

- Donne le courage et les forces nécessaires pour dépasser les différentes épreuves rencontrées dans la vie quotidienne.

- Permet de triompher de toutes les affaires de justice ou de contrer les opposants aux projets d'ordre professionnels.

- Redonne l'espérance et la joie de vivre, influe sur la mémoire et développe les facultés intellectuelles, permet de lâcher prise.

- Influence favorablement les arts et la littérature ainsi que tous ceux qui utilisent leur mémoire pour des recherches en technologie les plus diverses.

20 - Pahaliah

- Aide à surmonter toutes les épreuves, lutter contre l'agressivité, l'adversité, la méchanceté, la médisance et la jalousie.

- Contribue au développement de la foi, de la philosophie et apporte son aide pour retrouver et comprendre ses vies antérieures.

- Accorde force, courage, persévérance et volonté pour surmonter les peurs et les angoisses.

- Développe l'endurance et favorise les études en général.

- Influence favorablement les carrières ecclésiastiques, les études en théologie ainsi que les missions humanitaires.

21 - Nelchael

- Aide au développement de la franchise, de la charité, de la sincérité, de la bonté et permet de trouver la libération intérieure.

- Accorde la volonté nécessaire pour faire face à ses responsabilités, pour développer son identité et de se réaliser, atteindre la victoire sur soi.

- Permet de lutter contre la nervosité, le stress, les angoisses, les états émotionnels et les déprimes.

- Développe le sens des réalités et permet de prendre de la distance face à certains évènements contrariants.

- Donne les moyens d'exorciser les démons intérieurs et aide à l'élimination des mauvais esprits environnants.

- Influence favorablement les études scientifiques, mathématiques, sciences physiques ainsi que la kabbale.

22 - Yéiayel

- Aide à obtenir la renommée sur le plan social et favorise la réussite des affaires financières.

- Développe le respect d'autrui, la convivialité, l'intégrité, la tolérance, la franchise et la compréhension.

- Favorise l'harmonie dans les échanges affectifs ou relations diverses et facilite la rencontre de nouvelles amitiés.

- Aide à surmonter les échecs de la vie matérielle, trouver des compromis en cas de conflits et vaincre les blocages les plus divers.

- Favorise tous les déplacements, les voyages et facilite toutes les négociations avec l'étranger.

- Influence favorablement les domaines financiers, bancaires et boursiers.

23 - Melahel

- Accorde du courage, de l'hardiesse et une grande curiosité tout particulièrement en ce qui concerne la nature.

- Développe le sens du discernement et de l'objectivité et facilite la concrétisation de tous les projets.

- Permet de développer la communication et de découvrir de nouvelles relations amicales.

- Accentue le sens de la famille et le besoin de veiller sur elle pour la protéger.

- Aide à comprendre les erreurs commises et à redresser la manière d'agir et de penser.

- Favorise la guérison par la phytothérapie.

- Influence favorablement les herboristes et les activités en relation avec la diététique et l'agronomie.

24 - Haheuïah

- Accorde force et endurance pour affronter, comprendre et dépasser les épreuves et difficultés.

- Aide au pardon et à racheter les fautes commises.

- Permet de prendre des décisions importantes et d'évoluer dans la sérénité et la simplicité.

- Favorise les réconciliations en cas de rapports conflictuels avec l'entourage.

- Aide à dépasser les angoisses, les états émotionnels, les déprimes, la tristesse.

- Permet d'être préservé des voleurs, des assassins et de toutes les personnes malhonnêtes.

- Influence favorablement les astrologues et les activités dites de " services ".

Le Chœur angélique des Dominations
Recteur d'Ordre : Archange Zadkiel
Les Dominations s'harmonisent avec la couleur bleue.
L'encens privilégié : Benjoin
Influence planétaire : Jupiter

Les Dominations favorisent le développement de la joie de vivre, de la bonté, de la bonne humeur et de la confiance en soi.

Ils aident au bon fonctionnement de la justice et du respect des lois.

25 - Nith-haiah

- Favorise les sciences occultes, les rêves prémonitoires et apporte son aide dans les démarches destinées à éloigner les ondes négatives et se libérer des mauvais esprits.
- Permet d'obtenir la paix de l'âme, la sérénité intérieure et le bien-être dans son cœur.
- Aide au développement de la personnalité et apporte son soutien pour permettre d'avoir confiance en soi et de s'affirmer en toutes circonstances.
- Facilite la relaxation, la méditation et la concentration.
- Accentue l'altruisme, apporte son aide dans les études intellectuelles et oriente sur les bonnes voies de la spiritualité.
- Influence très favorablement les professions de la parapsychologie : astrologie, cartes, tarots ainsi que toutes les démarches d'ordre spirituel.

26 - Haaiah

- Développe la confiance en soi et permet une plus grande efficacité dans le domaine des activités professionnelles.
- Aide à développer la générosité, la compréhension, et la bonté ainsi que l'honnêteté et la rigueur.

- Permet de trouver sa voie professionnelle et facilite les négociations.

- Accorde une excellente inspiration et favorise les échanges amicaux.

- Elimine les ambiguïtés et les conflits et permet de résoudre les affaires judiciaires et embrouillées.

- Facilite la réussite dans les domaines concernant la police, la magistrature et la politique.

- Influence favorablement les juges, les avocats et toutes les activités nécessitant de prendre des décisions après avoir pris le temps de l'analyse et de la réflexion.

27 - Yérathel

- Eloigne les adversaires indélicats, permet de confondre les calomniateurs et protège contre la médisance, les jalousies et les provocations.

- Incite à la tolérance et au respect et favorise l'optimisme, la bonté et la générosité.

- Donne la faculté de rester maître de soi en toutes circonstances et d'atteindre la concrétisation de tous les projets.

- Accorde une grande ouverture d'esprit et facilite toutes les démarches d'ordre spirituel.

- Influence favorablement les études concernant la philosophie, la théologie, la sociologie et l'économie.

28 - Séhéiah

- Protège des accidents, des idées suicidaires, des maladies de toutes sortes mais plus particulièrement des maladies de la peau.

- Développe l'optimisme, la force morale, la rigueur et soutient le maintien des idées franches et sincères.

- Permet de maîtriser l'agressivité, l'impatience ainsi que les angoisses et aide à reconnaître et à surmonter ses erreurs de comportement.

- Aide à lutter contre la fatigue, les doutes et les incertitudes.

- Influence très favorablement la médecine destinée à aider ceux qui sont en fin de vie ainsi que toutes les personnes étant en contact avec le feu comme les pompiers.

29 - Reiyiel

- Délivre des ennemis visibles ou invisibles, des sortilèges ou mauvais sorts et apporte son soutien aux exorcistes qui opèrent par la prière, l'amour d'autrui et la compassion.

- Facilite la méditation et développe la générosité, la sagesse et la sérénité.

- Accorde la volonté et la détermination nécessaires pour atteindre le succès dans les entreprises professionnelles.

- Influence favorablement les vocations religieuses et toutes les activités sociales.

30 - Omael

- Améliore toutes les relations familiales, facilite l'éducation des enfants, accorde de la patience avec les enfants ou les personnes âgées.

- Favorise la fécondité, le bon déroulement des grossesses et de toutes les interventions chirurgicales.

- Aide à lutter contre la mélancolie, le pessimisme et ouvre à la convivialité et l'optimisme.

- Développe l'amitié, la bonté, la tolérance et permet d'évoluer dans la paix et la sérénité.

- Influence favorablement les études de médecine et de chimie.

31 - Lécabel

- Favorise toutes les activités professionnelles, affirme les talents de médiation et aide à résoudre toutes les difficultés s'opposant à la réussite.

- Combat le mensonge, la ruse, le scepticisme et soutient la loyauté et la fidélité.

- Accorde une intelligence vive, le don de médiation et de réconciliation, donne le sens du discernement.

- Apporte son soutien aux agriculteurs et permet d'obtenir de bonnes récoltes.

- Influence très favorablement l'astronomie, la physique et les mathématiques.

32 - Vasariah

- Renforce les capacités de la mémoire et développe l'inspiration.

- Libère des désillusions et de la crédulité et protège contre toutes les agressions extérieures.

- Accorde de l'optimisme, de la joie, de la bonne humeur, de la générosité, de la bonté et de la sérénité en toutes circonstances.

- Permet un excellent travail d'introspection et favorise le repentir de ses erreurs.

- Aide dans la régularisation d'affaires judiciaires et permet de minimiser les peines encourues.

- Développe les capacités d'orateur et ouvre le chemin de la spiritualité.

- Influence très favorablement la justice, les avocats et les conseilleurs juridiques.

Le Chœur angélique des Vertus
Recteur d'Ordre : Archange Camael
Les Vertus s'harmonisent avec la couleur rouge.
L'encens privilégié : Muscade
Influence planétaire : Mars

Les Vertus donnent une énergie puissante, une forte volonté et ouvrent la voie de la spiritualité.

Ils permettent de lutter contre les épreuves, de combattre l'adversité et rétablir l'équilibre et la justice.

33 - Yéhuiah

- Soutient dans la recherche d'une activité professionnelle, aide dans les situations de commandement et permet de réussir avec brio dans toutes les démarches.

- Protége contre les personnes malhonnêtes, permet de déjouer les pièges et aide à surmonter les épreuves.

- Favorise le développement du courage, de la volonté, de la discrétion et contribue à une plus grande obéissance.

- Accorde une grande liberté de manœuvre, d'autonomie et d'indépendance dans les idées et les actions de toutes sortes.

- Contribue au développement de nouvelles amitiés durables dans le temps.

- Influence favorablement tous ceux qui ont des postes de commandement ou en relation avec le commerce et la négociation.

34 - Léhahiah

- Aide à dominer la colère et contribue à établir et maintenir la paix, apaise les conflits dans les groupes et favorise la sérénité.

- Développe la faculté d'adaptation, la lucidité, la concentration et la mémoire.

- Soutient dans la réalisation des projets et la réussite professionnelle, permet d'obtenir la confiance de personnes puissantes et aide à mettre en valeur les talents.

- Accorde une reconnaissance sociale et permet de retrouver une activité professionnelle ou de faire une rencontre affective.

- Influence favorablement les chefs d'entreprise, les diplomates et les négociateurs.

35 - Chavakhiah

- Aide à lutter afin de maintenir la paix et la concorde et développer la volonté, l'optimisme et l'enthousiasme.

- Permet de trouver des solutions à l'amiable dans les conflits et aide à entretenir l'entente familiale.

– Apporte son soutien dans la recherche professionnelle et favorise la réussite des entreprises et démarches.

- Insuffle une énergie positive, développe la concentration et l'efficacité, lutte contre la vanité et l'exagération.

- Influence favorablement ceux qui travaillent pour le bien de la famille et de la défense du patrimoine.

36 - Ménadel

- Permet de se libérer des complexes du passé et des faiblesses qui empêchent d'agir.

- Contribue à se ressourcer, à lutter contre l'agressivité, l'impulsivité personnelle ou les calomnies venant de l'extérieur.

- Aide à retrouver une activité, favorise l'insertion professionnelle et donne le sens du travail.

- Favorise le courage, la bravoure et la franchise et soutient dans les situations difficiles.

- Permet de retrouver des objets perdus ou volés.

- Influence favorablement ceux qui veulent obtenir le succès dans leurs activités professionnelles et réussir dans la concrétisation de leurs projets.

37 - Aniel

- Aide à se dégager de l'orgueil et de l'égoïsme, à avoir du courage et de la confiance en soi.

- Permet de développer la personnalité, la volonté et l'autorité.

- Contribue à développer l'entente au sein des groupes et favorise la solidarité et l'entraide.

- Accorde de l'endurance, de l'audace et de la détermination dans l'adversité.

- Inspire les sages et les philosophes.

- Influence favorablement toutes les professions libérales.

38 - Haamiah

- Contribue à développer les dons de voyance, favorise les études d'astrologie, les sciences occultes, la théologie, l'ésotérisme.

- Soutient les exorcismes et apporte son aide pour découvrir ses vies antérieures.

- Aide à dominer les pulsions et permet de maîtriser les émotions.

- Favorise l'indulgence, la sociabilité, la médiation et aide à désamorcer toutes les situations conflictuelles ou agressives.

- Aide à trouver l'âme sœur et évoluer dans la paix et la sérénité.

- Influence favorablement les projets ou entreprises de nature créative ou associative ainsi que la vie sociale.

39 - Réhael

- Permet d'agir avec discernement, développe la franchise et le pouvoir de médiation, aide à développer la rigueur et le sens de la communication.

- Favorise l'entente familiale et facilite l'amour parental.

- Contribue à la guérison de toutes les maladies et protège de la médisance.

- Influence favorablement la recherche en généalogie, les carrières médicales et paramédicales.

40 - Yéiazel

- Favorise les publications littéraires, les études artistiques et permet d'obtenir le succès dans les domaines de l'édition.

- Aide à combattre l'impulsivité, le découragement et apporte l'énergie, la force, l'enthousiasme, le courage et la lucidité.

- Aide à se détacher des influences des autres et à se libérer des mauvaises habitudes.

- Contribue à assumer les échecs, apporte son aide et son soutien pour surmonter la perte d'être chers.

- Donne de l'inspiration, une ouverture vers autrui et le goût de l'action.

- Influence très favorablement tous les métiers de l'imprimerie et de l'édition.

Le Chœur angélique des Puissances
Recteur d'Ordre : Archange Michaël
Les Puissances s'harmonisent avec la couleur orange
L'encens privilégié : Oliban
Influence planétaire : Soleil

Les puissances accordent les moyens de dominer toutes les situations et insufflent la capacité à gouverner.

Ils aident à être fraternel envers toutes les personnes de l'environnement.

41 - Hahahel

- Protége contre la médisance, les jalousies et accorde une grande patience devant l'adversité.

- Développe l'altruisme, l'humilité et la simplicité ainsi que l'enthousiasme et la joie de vivre.

- Aide à supporter la souffrance physique et morale.

- Facilite l'étude des sciences ésotériques et inculque la foi.

- Accorde la capacité de gouverner, de diriger et de commander avec facilité.

- Influence favorablement ceux qui font des études dans le domaine médical et paramédical.

42 - Mikhael

- Permet de lutter contre le désordre, aide à respecter l'ordre établi, la hiérarchie et développe la capacité de commander et de diriger.

- Favorise la bonne entente avec l'environnement et aide à dévoiler tous les complots à quelque niveau que ce soit.

- Accorde sa protection dans les voyages et tous les déplacements.

- Développe l'optimisme et la joie de vivre.

- Influence favorablement la fonction publique, les conseillers en ressources humaines, les médiateurs et négociateurs.

43 - Veualiah

- Développe la capacité de gouverner dans la bonté, la loyauté, la justice, la discipline et aide à la bonne entente dans les relations professionnelles.

- Apporte son aide et son soutien pour favoriser les carrières relatives à l'ordre et à la paix.

- Donne la volonté de pardonner, développe l'humilité et apporte son soutien dans le maintien de la paix et de la sérénité.

- Aide à lutter pour la défense des faibles et des opprimés et développe l'enthousiasme et la joie de vivre.

- Influence très favorablement le monde politique, économique et les grands idéaux.

44 - Yélahiah

- Accorde la capacité de gouverner avec justice et autorité et développe le courage et l'honnêteté dans les décisions et démarches.

- Favorise la réalisation des ambitions et permet d'obtenir la gloire et la célébrité.

- Apporte son soutien dans les affaires judiciaires ou financières et confirme la protection des magistrats.

- Combat les comportements agressifs, impulsifs ainsi que la tyrannie.

- Favorise les voyages, les déplacements et la découverte des philosophies nouvelles.

- Influence favorablement les carrières de haut niveau et militaires.

45 - Séhaliah

- Aide à agir avec dignité, notoriété et grandeur d'âme et développe la capacité à gouverner avec sérieux et efficacité.
- Développe l'humilité, lutte contre la vanité, aide à supporter les déceptions, les contrariétés et permet de lutter contre le despotisme et l'autoritarisme.
- Aide à se ressourcer, à rester en bonne santé et développer son identité.
- Donne les moyens de réussir dans les domaines de l'agriculture, des eaux et forêts.
- Influence favorablement ceux qui s'intéressent aux phénomènes météorologiques, à la sauvegarde de la planète et de la santé environnementale.

46 - Ariel

- Développe la volonté, aide à ne pas se laisser influencer par autrui et combat toutes les formes d'hypocrisie et de malhonnêteté.
- Permet le développement de la connaissance dans les domaines de la divination, aide à faire des rêves prémonitoires, apporte son soutien aux radiesthésistes.
- Facilite les recherches scientifiques et développe les capacités à diriger et commander avec amour.
- Lutte contre l'indécision, développe le sens du devoir, aide à trouver sa voie.
- Influence favorablement les inventeurs, les chercheurs ainsi que les créateurs.

47 - Asaliah

- Développe le discernement et aide à découvrir les tromperies et les supercheries.

- Lutte contre les doutes, la mauvaise foi et contribue à développer la spiritualité, la moralité et permet de rétablir la vérité.

- Apporte son soutien dans toutes les affaires judiciaires et financières.

- Influence très favorablement les carrières de l'éducation et de la justice.

48 - Mihael

- Développe l'entente avec l'entourage, favorise l'harmonie familiale et aide à éviter les conflits de génération.

- Soutient tous les travaux d'exorcisme, facilite les dons prémonitoires destinés à éviter les erreurs et apporte son aide dans la libération des âmes.

- Développe la confiance en soi et la volonté et permet de gouverner avec conscience et rigueur.

- Influence favorablement les études scientifiques et toutes les carrières où l'engagement et la responsabilité sont prioritaires.

Le Chœur angélique des Principautés
Recteur d'Ordre : Archange Haniel
Les Principautés s'harmonisent avec la couleur jaune
L'encens privilégié : Santal
Influence planétaire : Vénus

Les Principautés nous guident sur le chemin de la beauté, de l'harmonie, de l'amour pur et sincère.

Ils apportent leur soutien lors des périodes de mélancolie et de solitude et favorisent la rencontre d'une âme sœur.

49 - Véhuel

- Favorise le sens moral, la bonté, la générosité, la tolérance, développe la compassion et favorise une bonne évolution des démarches spirituelles.

- Apporte son soutien dans les souffrances morales et aide à surmonter la tristesse, la mélancolie, les chagrins et les contrariétés.

- Permet de développer le sens de l'observation et apporte son aide dans la maîtrise des émotions.

- Influence très favorablement tous ceux qui évoluent dans les milieux culturels et artistiques.

50 - Daniel

- Développe la fidélité, l'harmonie, la rigueur dans l'amour et aide à surmonter les déceptions sentimentales.

- Favorise un avancement rapide dans les professions juridiques, confère une facilité d'élocution et développe la confiance en soi et en ses capacités.

- Apporte l'inspiration nécessaire dans les discours, les messages d'enseignement, les animations diverses et contribue à surmonter les épreuves.

- Développe la spiritualité et aide à équilibrer le centre d'énergie frontal (ou 6e chakra) favorisant l'entente, la connaissance et l'intuition.

- Influence favorablement les animateurs, les avocats, les enseignants, les hommes publics.

51 - Hahasiah

- Développe des sentiments puissants, sincères, généreux et aide à tenir les promesses sentimentales.

- Facilite les facultés d'adaptation et favorise le charismatisme, la convivialité et la bonté.

- Protège les médecins, les pharmaciens et les vétérinaires et favorise l'étude de la chimie, de la physique, de l'alchimie et de la phytothérapie.

- Favorise la méditation et aide à équilibrer le centre d'énergie coronal (ou 7e chakra) favorisant la pénétration de la spiritualité et l'accomplissement de soi.

- Influence favorablement la médecine traditionnelle, la médecine douce, la recherche médicale et les vétérinaires.

52 - Imamiah

- Aide à prendre ses responsabilités au niveau des sentiments, à s'investir complètement au niveau d'une relation amoureuse et à maîtriser les pulsions sexuelles.

- Donne de la patience et du courage dans l'adversité et apporte sa protection à toutes les personnes sinistrées ou dans l'isolement.

- Favorise et protège toutes les transactions financières ainsi que les voyages et déplacements.

- Développe la volonté et le courage et aide à équilibrer le centre d'énergie sacré (ou 2e chakra) favorisant la créativité sur tous les plans et l'énergie vitale.

- Influence favorablement les professions libérales, les antiquaires, les libraires et les organisateurs d'expositions.

53 - Nanael

- Favorise la charité, la bonté et aide à développer des sentiments chaleureux, sincères et affectueux.

- Développe l'enthousiasme, le courage, la volonté et facilite la réalisation de tous les projets.

- Favorise la relaxation, les méditations, l'étude de la théologie et permet d'équilibrer le centre d'énergie cardiaque (ou 4e chakra) favorisant l'équilibre et l'intégration des grands rythmes de l'Univers.

- Aide à être estimé à sa propre valeur et contribue à lutter contre la jalousie et la médisance.

- Influence favorablement l'enseignement, la théologie, la philosophie, la connaissance de l'art.

54 - Nithael

- Développe la joie de vivre, la convivialité, la bonne humeur et favorise toutes les relations amicales et amoureuses.

- Permet d'acquérir un grand respect des valeurs et contribue à maîtriser les émotions et états émotionnels.

- Aide à évoluer dans le domaine professionnel et à monter dans la hiérarchie sociale.

- Protège contre l'impulsivité, les accidents et les chutes.

- Développe l'humilité et aide à l'équilibre du centre d'énergie solaire (ou 3e chakra) favorisant la mise en mouvement des passions et le développement de la personnalité.

- Influence favorablement les carrières en relation avec la mode, la haute couture, la photographie d'art, la littérature.

55 - Mébahiah

- Permet une meilleure communication avec l'entourage, développe la confiance en soi et entretient la mémoire.

- Aide à lutter contre le mensonge et l'hypocrisie, à surmonter les épreuves et difficultés de toutes sortes.

- Contribue à développer la charité, l'amour véritable et universel et favorise les démarches spirituelles.

- Apporte son soutien dans les souhaits de fécondité.

- Aide à retrouver la foi et à équilibrer le centre d'énergie laryngé (ou 5e chakra) favorisant le rayonnement, la communication et les capacités à transmettre.

- Influence favorablement les activités de loisirs et de l'enseignement.

56 - Poyel

- Apporte son soutien dans la réalisation de tous les projets, aide à combattre la timidité ou la tendance à se laisser influencer par autrui.

- Accorde tout ce qu'on lui demande à condition que cela ne nuise pas à autrui et ne soit pas poussé par l'orgueil.

- Aide à combattre la passivité et la paresse et lutte contre l'irritabilité, l'impulsivité et l'agressivité.

- Développe l'amour maternel.

- Développe l'humilité et la modestie et aide à équilibrer le centre d'énergie racine (ou 1er chakra) favorisant la stabilité, la ténacité et la persévérance.

- Influence favorablement les écrivains, les auteurs, les orthophonistes et toutes les carrières musicales et théâtrales.

Le Chœur angélique des Archanges
Recteur d'Ordre : Archange Raphaël
Les Archanges s'harmonisent avec la couleur violette.
L'encens privilégié : Mastic
Influence planétaire : Mercure

Les Archanges sont les anges guérisseurs du corps et de l'âme et nous ouvrent les portes de la Connaissance.

Ils éveillent le sens du discernement et aident à évoluer sur le plan social et concrétiser les projets.

57 - Némamiah

- Apporte la guérison des troubles psychologiques et favorise les rêves prémonitoires.
- Développe le sens du discernement, l'intuition, l'imagination et aide à obtenir la réalisation des projets par la stratégie.
- Soutient dans le combat des choses justes et permet de maîtriser l'impulsivité et l'agressivité.
- Aide à résoudre les problèmes financiers et affaires diverses.
- Accorde le succès dans les carrières militaires ou de la gendarmerie.
- Influence favorablement les carrières reliées à la technologie scientifique, aérienne ou spatiale ainsi que tous les domaines concernant les moyens de communications rapides.

58 - Yéyalel

- Facilite la guérison particulièrement en ce qui concerne les maladies des yeux, l'eczéma, les coupures et les brûlures.
- Développe le pouvoir de concentration, l'analyse et le discernement en toutes choses et en tous domaines.

- Contribue à surmonter les épreuves, combat l'obstination et le dogmatisme et aide à se protéger contre les personnes malhonnêtes.

- Aide à réussir dans la métallurgie et l'industrie et apporte son soutien aux enquêtes judiciaires et sociales.

- Influence favorablement la médecine spécialisée : chirurgie des yeux, des oreilles, micro chirurgie et facilite l'étude de l'astronomie et des sciences.

59 - Harahel

- Développe l'esprit d'analyse, de synthèse ainsi que le discernement, la tolérance et l'optimisme.

- Aide à développer l'entente familiale, l'harmonie avec l'entourage et combat la stérilité.

- Transmet des messages par les rêves et l'intuition et développe les démarches spirituelles.

- Aide à résoudre les problèmes financiers.

- Facilite l'étude des mathématiques.

- Influence favorablement les domaines de l'édition, l'imprimerie, les bibliothèques, les archives et la comptabilité.

60 - Mitzrael

- Aide à combattre et soutenir au niveau des maladies psychiatriques et permet de lutter contre l'instabilité.

- Apporte dignité, autorité, faculté de discernement et favorise les réconciliations en cas de brouilles et de désaccords.

- Facilite l'étude de la géométrie et apporte son aide dans l'expression orale et écrite.

- Libère la conscience par la maîtrise des instincts, permet l'introspection et l'analyse de soi.

- Influence favorablement tout ce qui en relation avec la prévention et les traitements de la santé mentale.

61 - Umabel

- Favorise les relations amicales, apporte un réconfort aux solitaires et aide à trouver l'âme sœur.

- Développe la générosité, la bonté, la compréhension et l'humilité.

- Favorise la fermeté, l'autorité, le discernement et combat l'intolérance.

- Facilite les études concernant la musique, l'astrologie, la physique et l'astronomie.

- Influence favorablement les domaines de la physique nucléaire, l'astronomie et toutes les activités marginales.

62 - lah-Hel

- Favorise le succès dans les carrières de l'enseignement et facilite l'étude de la philosophie, de la théologie et de la spiritualité.

- Développe la personnalité et la confiance en soi, inculque la sagesse et le savoir par la vie spirituelle.

- Aide à supporter la solitude et combat l'hypocrisie.

- Favorise l'entente familiale.

- Influence favorablement tous ceux qui mettent leurs connaissances et expériences au service des autres.

63 - Anauel

- Aide à résoudre les problèmes financiers et contribue à la réussite de toutes les entreprises commerciales.

- Développe le sens de la logique et du raisonnement et aide à lutter contre la susceptibilité et la rancune.

- Apporte un soutien de guérison pour tous les problèmes provoqués par agression ou accident.

- Influence favorablement les secteurs commerciaux, financiers, bancaires, économiques et publicitaires.

64- Méhiel

- Contribue à développer la capacité de discernement, la confiance en soi et combat la crédulité, la naïveté et la mauvaise influence d'autrui.

- Favorise la réussite dans l'enseignement, l'apprentissage de la grammaire et des langues.

- Accorde le don de la parole et facilite les études littéraires, la rédaction, la publication de livres.

- Contribue à développer le sens de la prémonition et également sa propre identité.

- Aide à surmonter les difficultés les plus diverses.

- Influence favorablement la communication, l'écriture, l'enseignement, les carrières de l'imprimerie.

Le Chœur angélique des Anges
Recteur d'Ordre : Archange Gabriel
Mes Anges s'harmonisent avec la couleur verte
L'encens privilégié : Myrrhe
Influence planétaire : Lune

Les Anges nous guident sur le chemin des réalisations et révèlent les dons qui sont en nous.

Ils permettent la régénération, le désir d'introspection et l'observation des aspects les plus positifs de la vie.

65 - Damabiah

- Permet de développer la spiritualité, l'intuition, la sensibilité extra sensorielle et apporte son soutien dans la libération des ondes négatives.

- Accorde une force mentale et morale et affirme la détermination dans la tenue de tous les engagements.

- Accorde la protection dans le domaine maritime et développe la richesse et la fortune.

- Aide à lutter contre les troubles psychologiques et favorise la méditation et la relaxation.

- Influence favorablement la défense de la nature, l'aide aux autres sur le plan physique et psychologique.

66 - Manakel

- Aide à lutter contre l'angoisse, l'anorexie, la mélancolie et la dépression.

- Permet de lutter contre les insomnies, les troubles émotionnels et aide à faire des rêves prémonitoires.

- Protège contre tous les risque de grandes catastrophes, les inondations et les épidémies.

- Evite le repli sur soi et l'introversion et développe le sens de la communication et la mémoire.

- Développe l'amabilité, le charme, la beauté, la séduction et la sympathie.

- Influence favorablement les domaines médicaux et para médicaux.

67 - Eyael

- Permet de développer le magnétisme personnel, les études concernant la spiritualité, aide à trouver la voie de la sagesse et favorise l'accès aux vies antérieures.

- Contribue à surmonter les épreuves et à développer la compréhension et une imagination féconde et généreuse.

- Permet de concilier les valeurs du passé avec les valeurs contemporaines et favorise une grande réceptivité.

- Soutient dans l'étude des arts et des sciences.

- Influence favorablement les penseurs, les philosophes, les physiciens et soutient la conservation et la restauration de l'art.

68 - Habuhiah

- Accorde une grande popularité, un esprit vif, curieux et ouvert à toutes les richesses du monde.

- Régit le don de prémonition, favorise une grande aptitude sensorielle et accorde des pouvoirs de guérisseur.

- Contribue à la guérison de toutes les maladies des hommes, des plantes et des animaux.

- Permet de lutter contre l'instabilité, aide à maîtriser les pulsions, contribue à effacer la colère et l'agressivité.

- Soutient dans les domaines concernant l'agriculture et l'écologie.

- Influence favorablement la médecine générale, l'obstétrique, la pédiatrie et la puériculture.

69 - Rochel

- Aide à retrouver les objets perdus ou volés et développe le don de clairvoyance.

- Permet de dénouer les affaires difficiles et apporte son soutien dans les affaires délicates et judiciaires.

- Accorde la réussite dans les métiers de justice, les études historiques et de droit ou d'économie.

- Aide à lutter contre l'orgueil et la cupidité et favorise la mémoire, la droiture, la lucidité, la présence d'esprit.

- Influence favorablement les orateurs et ceux qui doivent faire appel à la mémoire et mémorisation.

70 - Jabamiah

- Aide à accéder à la connaissance, donne du courage, de la volonté et guide dans les études de philosophie, de psychologie et de spiritualité.

- Permet de se soustraire à l'influence des autres, combat la nonchalance et la négligence.

- Favorise la capacité de discernement et développe les dons artistiques.

- Influence favorablement ceux qui soignent les blessures et les angoisses ou qui s'investissent dans les études médicales.

71 - Haihaiel

- Aide à se revitaliser et se ressourcer et développe le don de voyance, l'intuition, l'audition et la compréhension des mystères.

- Développe le courage et la vaillance et lutte contre le manque d'adaptabilité.

- Aide à prendre des décisions et à développer l'esprit de synthèse, la logique et le raisonnement.

- Protège des manipulations et des oppresseurs.

- Influence favorablement tous les domaines rattachés au paranormal.

72 - Mumiah

- Donne la possibilité de guérir par les prières et l'imposition des mains.

- Développe le don de psychologie, la volonté et combat la mélancolie et la négativité.

- Permet de vaincre la tendance à se laisser influencer, aide à terminer tout ce qui a été entrepris.

- Aide à lutter contre la dépression et la timidité, favorise la chance, développe les dons de psychométrie.

- Soutient dans les études de médecine, des sciences et de chirurgie.

- Influence favorablement la médecine holistique ou traditionnelle.

CHAPITRE VII

Quelques témoignages

Il n'est pas rare qu'après avoir échappé à un accident ou vécu une situation angoissante, certaines personnes disent " je m'en suis sortie par miracle " ou bien " c'est un miracle si nous avons pu échapper à cette galère ".

Miracle ! C'est bien l'expression choisie dans ces cas là... Mais, qu'est-ce que le miracle sinon la présence des Anges Gardiens ?

Parmi les témoignages reçus à ce sujet, nous en avons retenu trois qui représentent bien trois interventions, dans des conditions totalement différentes, des Anges Gardiens.

Premier témoignage

Corinne S.

" Je roulai sur l'autoroute en direction de Limoges. Je reconnai que ma vitesse était excessive, mais je suivai le flot de voitures en cette période de départ de vacances scolaires.

Brusquement, deux voitures prirent une bretelle sur la droite mais, très rapidement les conducteurs s'étant aperçus qu'ils étaient en sens inverse firent demi tour pour revenir sur l'autoroute ce qui provoqua, bien entendu un important mouvement de ralentissement et un changement de voie pour les conducteurs déjà engagés.

Je me trouvai à ce moment là sur la voie de gauche et je freinai au maximum, mais sans succès puisque je heurtai l'arrière de la voiture précédente, puis fus déportée sur la droite et à nouveau télescopai un second véhicule.

Ce second choc me propulsa de nouveau vers la gauche en direction de la barrière de sécurité centrale alors que le flot des autres voitures se poursuivait. J'arrivai droit sur la barrière devant laquelle il y avait des buissons arides en raison de la sécheresse de l'été. Ma voiture se positionna alors parallèlement à la barrière, roulant entre les buissons. Puis, elle s'arrêta.

Dès le premier coup de frein, je fus comme tétanisée. Les doigts crispés ne me permettaient plus aucun geste, aucun mouvement, aucune réaction ou possibilité de tenir mon volant.

Dès ce premier coup de frein, je n'étais plus maître de mon véhicule.

Ayant retrouvé mes esprits, je repris le volant pour m'arrêter sur une bande de sécurité située de l'autre côté et décidai alors de sortir de ma voiture pour constater les dégâts. Je me souvenais bien avoir cogné deux voitures !

En dehors des rayures dues aux frottements des buissons, il n'y avait absolument rien ....

J'avais bien conscience que je ne tenais plus mon volant au moment du coup de frein donné suite au ralentissement brutal.

Seul, mon Ange Gardien pouvait avoir pris le relais pour m'éviter le pire !

Seul, mon Ange Gardien était près de moi dans cette voiture pour gérer au mieux cette situation qui aurait pu fort mal se terminer pour moi ! "

Deuxième témoignage

Marie Claire D.

“ Après une journée assez stressante sur mon lieu de travail, j'appréciai en cette fin de journée d'été, de me retrouver dans mon petit appartement.

Je décidai de prendre une douche puis, de m'installer dans un fauteuil récemment acquis, avec un plateau repas pour regarder tranquillement la télévision.

J'étais très contente de ce fauteuil qui permettait diverses positions avec un système de vibrations pour relaxer le dos. Confortablement installée, je regardai avec attention un film à suspense lorsque brusquement je ressentis un terrible besoin de boire. Ma gorge me sembla brusquement très sèche, presque douloureuse. Sur le plateau resté près de moi, la bouteille d'eau était vide. J'avais soif et aucune envie de bouger, les yeux fixés sur le petit écran où se déroulait un suspense de plus en plus angoissant. Pourtant, une petite voix intérieure me disait qu'il fallait que je me lève pour prendre un verre d'eau dans la cuisine afin de me désaltérer.

Un peu agacée de ressentir toujours plus fortement cette sensation sèche dans la gorge et la bouche, je me levai à regret pour prendre ce verre d'eau.

Parvenue dans la cuisine, une bouteille à la main, j'entendis une forte explosion et la lumière s'éteignit. J'étais sidérée et une odeur de brûlé me chatouilla les narines. Je n'osai plus bouger mais des coups frappés à la porte me firent revenir à la réalité. Mes voisins, ayant entendu l'explosion, venaient aux nouvelles. Le compteur ayant disjoncté, mes voisins entrèrent avec une lampe torche. C'est en passant la tête dans la pièce principale que je découvris une épaisse fumée mais mon regard s'arrêta surtout sur mon fauteuil. Des débris avait éventré le siège et des morceaux de verre s'étaient fixés à la hauteur du coussin où, quelques instants plus tôt, ma tête reposait.

La télévision avait implosée... Les dégâts étaient énormes mais je ne voyai rien d'autre que le fauteuil disloqué et n'osai imaginer mon sort si j'étais restée là.

De toute évidence, mon Ange Gardien veillait sur moi en m'obligeant à me lever pour m'éloigner du fauteuil et m'éviter le pire. Lorsque j'y pense et que j'en parle, j'en ai encore des frissons dans tout le corps ! "

Martine B.

" Mon ami François accepta de me prêter un livre auquel il tenait particulièrement. Il avait confiance en moi mais insista sur le fait que ce livre était épuisé depuis fort longtemps et qu'il voulait le récupérer dès que possible. Je lui promis d'en prendre le plus grand soin en affirmant que ce livre ne sortirait pas de chez moi.

Je glissai le livre dans mon sac en bandoulière en le remerciant de sa confiance et me dépêchai de partir, craignant qu'il ne change d'avis...

C'est en arrivant devant mon domicile, qu'un jeune homme déboula à toute allure sur des rollers et m'arracha mon sac.

Mes papiers mes clés, mon porte-monnaie et.... Le LIVRE ! Tout était parti en une seconde....

Paniquée, je me précipitai au commissariat. La police me conseilla d'atteindre quelques jours avant de refaire mes papiers car généralement, seul l'argent intéressait les voleurs.

Ils m'assurèrent que le livre n'aurait aucun intérêt pour lui et que j'avais toutes les chances de le retrouver.

Après 48 h. d'angoisse, la police me fit savoir que le sac était retrouvé. Mes papiers et mes clés étaient bien là mais... stupeur, pas le livre ! J'insistai pour connaître le lieu où le sac avait été retrouvé. Il s'agissait d'un pavillon. Les propriétaires furent très aimables et me permirent de rechercher dans les buissons et les recoins de leur jardin. Rien !

Mon amie Nathalie, de nature très optimiste, m'apporta son

aide, agissant avec logique. Faire la liste de tous les libraires d'occasions et passer des coups de téléphone pour tenter de repérer cet ouvrage.

Hélas les réponses étaient toujours négatives et nul ne pouvait nous aider ou nous orienter pour retrouver ce livre épuisé.

Je ne dormis plus, l'angoisse montant en moi chaque jour davantage. Que dire à François ?

Nathalie restait calme et un vendredi soir, elle décida de rester avec moi. Elle m'expliqua que j'avais un Ange Gardien et que si je voulai bien m'en remettre à lui, il m'apporterait très certainement son aide.

Elle me fit faire une petite relaxation en me parlant avec douceur. Je suivis ses conseils, je répétai les prières, la demande... et pour la première fois depuis une semaine, je pu dormir d'un sommeil profond. Je me réveillai avec une grande sérénité intérieure. Nathalie me proposa alors de faire une promenade à " Paris Plage " sur les quais de la Seine. Il faisait beau et chaud et j'acceptai. Cependant, brusquement, la forte chaleur m'incommoda et je décidai de remonter par une rue. Quelques bouquinistes présentaient des affiches, des cartes postales, des livres... Je n'avais pas l'intention de m'arrêter mais je fus prise d'un léger malaise et je tendis la main sur le rebord d'un stand. Je fermai les yeux. Nathalie vint me soutenir et le vieil homme assis sur son tabouret me proposa de venir m'asseoir. Ne bougeant plus en attendant de sentir l'apaisement, je me décidai enfin à ouvrir les yeux.

Le livre était devant moi. Il était là ! Rêve ? Réalité ? Mes jambes ne me soutenaient plus mais très rapidement ce fut Nathalie qui comprit ce qui arrivait.

Pour elle, c'était très clair. L'ange Gardien avait entendu mon appel et m'avait conduite devant ce bouquiniste qui possédait ce livre tant recherché.

Cela ne faisait aucun doute, il était le frère jumeau de celui qui m'avait été volé.

Je n'ai dit la vérité à François qu'après plusieurs mois. Cela le fit sourire car il ne s'était pas aperçu qu'il ne s'agissait pas de l'exemplaire qu'il m'avait prêté. "

A vous qui venez de lire ces témoignages, cherchez bien dans votre mémoire.
N'avez-vous jamais vécu quelque chose de semblable ?
N'avez-vous jamais échappé à un accident ou incident quelconque ?
N'avez-vous jamais retrouvé un objet perdu auquel vous teniez particulièrement ?
En prenant un peu de temps pour y réfléchir, vous découvrirez que les Anges Gardiens vous ont bien souvent aidé, protégé, soutenu....
N'est-ce pas le moment de les remercier et de leur adresser une prière ?

Points de repères

Afin de vous aider dans votre démarche de communication avec les Anges Gardiens, nous vous proposons quelques points de repères sous la forme de questions/réponses, en relation avec les différents chapitres de cet ouvrage.

Questions – Réponses

Comment définir les Anges ?

Les Anges sont des esprits purs, des messagers de Lumière, intermédiaires entre Dieu et les êtres humains.

A quoi servent les Anges Gardiens ?

Les Anges Gardiens protègent, guident, orientent et veillent sur les êtres humains.

Comment sont-ils répartis ?

Il existe soixante-douze anges répartis en neuf hiérarchies.

Les neufs hiérarchies sont classées en trois ordres et chaque hiérarchie est dirigée par un Archange.

Combien avons-nous d'Anges Gardiens ?

Trois Anges Gardiens veillent sur nous : l'Ange Physique, l'Ange Emotionnel et l'Ange Spirituel.

Comment connaître le nom de nos trois Anges ?

Les Trois Anges Gardiens sont attribués en fonction de la date et l'heure de naissance de chacun.

Comment faire si l'on ne connaît pas sa date ou son heure de naissance ?

Grâce à un calcul rapide à partir du nom héréditaire et du prénom usuel.

Comment prendre contact avec son Ange ?

En passant par différentes étapes.

Lesquelles ?

Le détachement de l'ego, la relaxation, la méditation, la concentration et la prière.

La foi, la persévérance et la confiance.

Peut-on faire appel aux Anges à tous les instants de la vie ?

Oui. Les Anges sont toujours présents et prêts à répondre aux appels, vœux et souhaits.

Comment les Anges nous répondent-t-ils ?

Par l'intermédiaire de notre petite voix intérieure soit, notre intuition ainsi que par l'intermédiaire de nos rêves.

Que peut-on demander à son Ange ?

On peut tout demander à ses Anges Gardiens dans la mesure où les vœux sont sincères, sains et honnêtes.

Quelles sont les limites à respecter ?

Agir dans le respect de soi et des autres. Les souhaits ne doivent en aucun cas faire du mal ou du tort à autrui.

Pourquoi des vœux ne sont pas exaucés ?

Cela indique que l'on doit se remettre en question et méditer sur la demande faite.

Est-il possible de faire appel aux Anges pour une tierce personne ?

Oui. Il est possible de faire directement appel aux Anges de la personne concernée ou de demander à notre Ange personnel de prendre contact avec l'Ange Gardien de cette personne pour lui apporter aide et réconfort.

Les 72 anges ont-ils des missions précises ?

Oui. Chaque Ange est chargé de missions personnalisées et possède des pouvoirs précis mais les 72 anges répondent à toutes les prières.

Peut-on faire appel à des Anges autres que les siens ?

Oui. Selon la demande, il est possible de demander un soutien complémentaire à l'Ange qui a un pouvoir particulier concernant le souhait.

Conclusion

Être en relation avec son Ange Gardien ne doit pas être pris à la légère.

Si celui-ci donne de l'amour, le sujet doit apprendre lui aussi à être amour. Il devra aborder la vie d'une manière différente en trouvant son équilibre entre le monde matériel et le monde spirituel en se libérant des mauvaises pensées.

L'Ange Gardien guide vers la connaissance de la vérité, de l'authenticité, de la profondeur de l'essentiel du Divin.

En le décevant, le sujet risque de le perdre.

Priez vos Anges Gardiens et prenez note du message qu'ils vous transmettent.

Le Message des Anges

" Nous sommes près de vous,

Jour après jour, afin de vous assister, de vous guider

Et de vous donner la lumière qui vient de l'existence universelle.

Nous sommes là pour vous aider à discerner, à comprendre et à choisir

Ce que vous portez en vous pour l'offrir aux autres.

Vous êtes libres de donner, de faire et de ne pas faire.
Notre intervention ne peut-être qu'exceptionnelle.

Nous prodiguons amour, lumière et vérité.
Nous sommes des créatures de l'essence divine,
entre Dieu et les hommes,
Ainsi que les gardiens de l'âme immortelle de l'homme "

Extrait du texte dicté à Surabhi par son ange gardien en janvier 1996

Table des Matières

Achevé d'imprimer
sur les presses de l'Imprimerie Moderne de Bayeux
ZI, 7, rue de la Résistance, 14400 BAYEUX
Précédent dépôt : Mai 2005
Dépôt légal : n° 20202 - Juin 2006